WO XIANG WO HAI RE'AI ZHE JIAOYU

我想我还热爱着教育

——干国祥教育随笔

干国祥　著

漓江出版社
·桂林·

目录

第二辑　为了爱你

第三辑　思想的跑马场

第四辑　在下山的路上继续攀登

自序　我想我还热爱着教育

我已停下来将近一年的时间，拒绝去爱一切事物——除了食物。

我让自己像一个未经教化的土人，每天为着三餐而奔波劳碌快乐。

然而，只有在偶尔又被提及教育时，我的灵魂才会颤动，思想发光，精神舞蹈，不可理喻的词语近乎自动地完成它们的任务。

唯有那把我伤了的，才能再度把我拯救？

我还需要时间去确认，但我也知道，真的没有其他道路可能抵达我心的彼岸。

少年时候，为了确认生命的意义究竟何在，我从佛经开始，翻读包括大多数四书五经，一部分诸子百家——同时用心理学、西方哲学作为解读的助手。哦，还有若干个宗教的不同的圣经。

然而，我没有在最伟大的典籍中找到生命的意义。

或许，我一直在误读，以一种错误的方式打开经典。

我应该聆听而不是视阅（看），我应该借书籍的指引好好生活，而不是把读书当成生活。

我应该去爱书本外的整个世界，包括那并不美丽的部分，这才是最伟大书籍的一致教诲。

最伟大的书籍不会告诉我们去爱书籍，只会告诉我们去爱书本外的真实生活。

不是要丢弃书籍，而是要把它当成柴火燃烧——而食物则是生活本身。

于是，带着这样的领会，我回到曾被我鄙弃的生活，以及工作，也就是教育，教育生活——不把教育当成生活本身，就不可能做好教育。那一年，我二十七岁。

于是，它携带着我走了那么远。

它给了我无尽的欢乐，最后，又给予致命的打击。

我以为自己已经心如死灰，但终究逃不过死灰复燃的宿命。

还将在无数个黎明翩然起舞吗?

我不知道，我仅仅确认，唯有教育，才能唤醒我继续去爱这个世界。

第一辑

我最好的礼物还没有送出

相信种子，相信岁月

——罕台新教育实验小学学校叙事之序曲

对罕台新教育实验小学的师生而言，学校文化就是讲述一个关于我们自己的生动故事：从明亮的第一行开始，经历曲折与暗淡，承受艰辛与争斗，而最终，故事将显示英雄之为英雄、贤者之为贤者，并再度昭示人性的尊严。

就像《西游记》，讲述的是五个劣迹斑斑的“孩子”，决定通过承担一项使命，来完成自己的成人仪式——它是一个成长的故事，是一个道德和神通的故事。

就像《水浒传》，讲述的是一群草莽，因江湖义气而汇聚，因服从等级秩序而最终消亡的故事——它是一个关于勇敢与义气、阴谋与江湖的故事。

就像《夏洛的网》，讲述的是一个拯救与奇迹的故事，通过完成不可能的任务，参与其中的每一个动物都获得了成长，乃至获得短暂生命的永恒意义。

“罕台新教育”也将是一个故事，也许就像江南七怪远赴大漠，把憨厚的郭靖培养成一代大侠；也许就像法国作家让·吉奥诺《种树的人》中所描述的普罗旺斯的牧羊人，将余生倾注于阿尔卑斯山上荒原的植树工作，持续了三十四年，将荒芜之地变成了人们可以安居乐业的田园……普罗旺斯，昔日荒原，今天已经是美丽风景的代名词。

但现在这一切还只是一个梦想，一份承诺，以及刚刚写下的第一行、第一段——第一年的新教育叙事。

一个特别女生的故事

2010年秋，原新教育研究中心团队来到东胜区罕台镇，接过原新世纪小学一年级的两个班，又招收一年级新生两个班，成立罕台新教育实验小学（但仍借新世纪小学的校舍办学）。

新世纪小学是东胜仅有的几所农村小学之一，学生散落在广袤的原罕台庙乡、泊尔江海子乡和都日都梁乡（后合并改名为罕台镇、泊江海镇），大多数学生住校，没有接受过良好的家庭教育（父母识字率不高），同样没有接受过正规的学前教育。

面对良莠不齐的学生，面对有些因为自幼和父母交流不多，连正常语言交流也有困难的问题孩子，我们可以想象在过去的一年里，新世纪小学的年轻教师遭遇到了多大的困难。虽然他们也曾尽力而为，但最终留下的是不容乐观的平均成绩和接近百分之十的“零分生”，也就是基本的数数能力、识字能力几乎为零，期末没参加考试的学生。其中最为严重的三个学生，在二年级学习两个月后，数数仍然只能数到6。

雪（化名），是几个零分生中的一个，但又明显有所不同：她比另外几个孩子更脆弱，更敏感，更容易受伤，但更透出一点灵性。以下是接手这个新班级的班主任陈美丽对这个孩子入学时的调查和描述：

> 雪长得很弱小，小小的脸，小小的个子，细细的手和手臂。她被安排在第一位。
>
> 开学第一天我就注意到了她。第一节语文课才上了不到五分钟，雪就开始趴在桌子上，我边继续讲课，边悄悄地走到她的身边，摸了摸她的额头，又看了看她的脸色，感觉她没生病。

于是我扶着她的肩膀让她坐正。可当我才回到讲台前，发现她又开始趴下了。一次，两次，她始终不能好好地坐着听讲。也许她真是病了，只是我看不出来？但是，我发现，下了课，她虽然不是很活泼，却也看不出病的样子呀。

第二节是数学课，她仍是老样子。微笑、暗示和直接的提醒，对她没有任何作用。

她似乎并不懂得上课应该专心听讲，也并不知道应该按时完成作业。我布置了作业后，她就呆呆地坐在座位上，一动也不动。下课铃响了后，她就离开座位，自己去玩了。

星期三傍晚，我告诉她，必须完成作业才可以自由玩耍。她听了后，就又趴下了。

上了三天学，到了星期四，她就真的病了。我问她吃什么药，她说她爷爷知道，打电话让她爷爷来。她爷爷来了后（我正好不在教室，他也没跟我说一声），就把她接回了家。星期五没有送来，也没有打电话向我请假。我再打电话，没人接。

星期天下午，她又来了。没看到她爷爷。问她这是怎么回事，她一直都不说话。

后来，从不同的人那里，陆陆续续地得到了关于她的一些信息。美术老师说，一年级的时候，她和另一个女孩（另一个零分生露）一起坐在教室的最后面，上课时，她就和那个女孩一起玩，不听课，也不做作业。

在做值日时，一年级时和她同班的一个女孩告诉我，雪刚上一年级时开始一两个星期，坐在最前面，学习也还跟得上。可是后来也不知道怎么回事，有一次，数学老师大发脾气，说再也不想管她了，还把她的座位调到了最后面，从此，雪就不学习了，连上课也只顾着自己玩了。

她爷爷告诉我（她爷爷说的是方言，我听得不是很清楚，但大意还是听懂了）：雪出生以后，她的爸爸妈妈经常吵架。她妈妈一生气，冬天的时候，随便把雪往哪个角落一扔，就不管她了，雪的腿到现在仍因冻坏过而疼痛。没过几年，她妈妈就走了，再没回来。她爸爸到外地打工了，现在她就跟着爷爷奶奶一起生活。她身子很弱，经常生病。以前上一年级的时候，一星期里，老师几乎要给他打两三次电话，有时说她不听话了，有时说她生病了，然后他就只得把她接回家中。最好的情况，也是上一个星期的学，就得在家休息两三个星期。“以前，这孩子可怜啊，在学校里几乎谁都不管她，期末的时候，连考试都没让她考。她连一条狗都不如，小狗还有人照看呢。”——当然，这是前不久雪住在儿童文学作家童喜喜的寝室里，她爷爷来接她时说的话。

而在开学初，我向原来的班主任了解这些孩子的情况时，那个年轻的班主任告诉我：雪经常生病，生活上几乎不能自理，学习上就更不用说了，是个零分生。

记录这段文字的陈美丽，是新教育实验的榜样教师，原新教育研究中心成员。她语数兼科，教了这些孩子整整两个学期。这两个学期，就是一个关于疗治、拯救的故事，也是一个关于探寻教育本质的故事。

从九月到下一年的八月初，将近一年的时间，这个孩子又怎样了呢？曾经参与辅导过雪，并即将接任三年级数学的汤长春老师对这个孩子现在的数学素养描述如下：

100以内数的口算熟练而准确，达到了课程标准规定的要求。万以内加减法的笔算准确、规范，达到了课程标准规定的要求。

数感基本建立，对核心的“数位、位置值、比较大小、估算、序数、基数”等概念的理解基本到位。

表内乘法的掌握达到优秀等级，对乘法意义的理解，对口诀记忆的熟练程度，都是相当不错的。表内除法的掌握同样达到优秀等级，对除法意义的理解，对表内除法的求商的掌握，都是非常扎实的。

完成了对基本图形的认识，能初步认识直线、射线与线段，能认识直角、钝角与锐角，能认识三角形、正方形、长方形、圆形，能认识球形、长方体、正方体，能认识平移与旋转。

一步应用题的掌握基本达成，特别是乘法与除法的一步应用题。在做加法与减法的应用题时，遇到“比大小”，偶尔会出现错误，表明对概念还不够清晰、掌握得还不够扎实。

简单的两步应用题能部分掌握，但很大程度上依赖于她的直觉，表明她解答两步应用题的方法与模式还没真正建立，这是今后要努力的方向与领域。

数学思维在逐步打开，稳步提升，即使面对一些具有难度，需要智力挑战的题目，她也能在老师的暗示下完成解答。

雪在二年级数学期末测试的成绩只有70分，远低于全班平均水平，仍是全班倒数第二。但是，对一个一年级时连数数都有困难，更别说掌握加减法的孩子来说，这已经是一个了不起的成绩了，而比成绩更重要的，是她由此建立起来的对学习的信心和对生命的自尊。

这一年雪进步最大的，无疑是语文学科，这也得益于新教育实验特殊的、灵活的课程。陈美丽老师是这样描述这个暑假里雪的学习情况的：

第一次返校日，在我电话的一再提醒和督促下，近二十天时间，雪默写了五首金子美铃的诗歌，写了五篇日记，她没写在写绘日记本上，而是写在了诗歌默写用的方格本上，每篇三十到五十个字，只有文字，没有画。

然后，我把雪接到了家中。开始的时候，她每天只能背一首诗，再默写一首诗。大概十天后，开始一天背两首，并且默写两首。雪的理解力和记忆力都不错，每次新学一首诗，第一天背得不够熟练，但到第二天复习的时候，她往往就能流利地背下来。而且她的语言模仿能力特别强，我读过一遍后，她就能惟妙惟肖地读出来。雪背诵和默写诗歌的最高纪录，是一天背诵两首新诗，默写前面背过的四首诗。因此，在学校住了二十多天后，她背完并默写完了金子美铃《夏之卷》的 49 首诗歌。相隔了二十多天后的第二次返校日，我要求学生之间互相检查五首诗歌的背诵。那天，雪是和洁（洁是现在我们班上最优秀的孩子）互相检查背诵。雪是第一个背完的。

更为难得的是，她现在已经能够独立地快乐地读故事了。这个暑假刚到我家的时候，她每天大概读一本绘本，慢慢地，一天读三本了。最后的那些日子里，她一天能读五六本绘本。这些全是她自己一个人快乐地读的。记得有一天晚上，雪早早地做完了写绘日记。我让她读故事给帅听，让帅挑书。雪说，帅挑的书太简单了，全是她读过的。然后她挑了《犟龟》，就读了起来。这个绘本比我们演出时的剧本还要难，四千多字，没有拼音，但雪读得真好（个别难的词，有时她自己猜着往下读，有时我提醒她一下），她模仿着我们班级童话剧演出时的人物语气，有时还加上一些简单的动作，翻到《乌龟进行曲》时，她还快乐地唱一唱。

雪在学校住了二十多天，就做了二十多篇写绘日记，几乎是一天一篇。文字从最初的二三十个字，写到了后来的二三百个字，画面也丰富起来了，想象也丰富起来了。记得有一天傍晚，下了雨后，天空出现了一道彩虹，她看着空中的彩虹说："要是彩虹能掉下来，那该多好啊！那我就可以抱着它睡觉啦！"后来，她就把它写成了一篇写绘日记，里面写着："如果彩虹掉下来了，我要把它做成一件衣服穿在身上。别人看到我，一定会说：'小雪儿真美啊，就像一位仙女一样！'"

当然，跟优秀的孩子相比，雪现在仍然有着相当大的差距，而最缺的，就是学习的自觉性，这跟她的家庭环境是分不开的——消失的父母，关心她但年迈的祖父母，自幼多病而造成的逃避策略，这些，都并不是几个月的教育能够完全地弥补的。

这个脆弱多病的女孩是幸运的，她其实有着极高的语言天赋，英语老师说，学过的英语儿歌，她大半能够背诵，有英语表演的时候，她会毫不羞怯地和最优秀的同学一道上台——因为英语课是随我们团队进入一道开设的，从二年级开始她和同学一道学习，并没有基础上的差距，所以英语是她学得最快乐、最有信心的。

其实关于这个孩子的故事，这里显现的只是冰山一角，比这更重要的，是后面的心灵的治疗，包括情感上的关怀，母性之爱与父性之爱的交织，道德人格的培育（因为自幼匮乏，雪有偷窃的习惯，但这是心理症结，还远不是道德问题）……

同样，我们深知，雪的“复苏”已经是个确凿的事实，但这还远称不上是奇迹——只有在四年之后，当她迈出童年阶段的那一刻，以怎样的姿态站在世界面前，才能向我们讲述一个真正的新教育故事。

四间教室的筑造、劳作、栖居和歌唱

并不是每个一年级曾经的零分生，都能够像雪这样幸运，因为幼年和童年的创伤，并不是那么容易得到疗治的——新教育实验小学的老师无不充满了爱心，有足够的耐心，有足够的投入，但我们仍然遗憾地看到有些孩子身上几乎难以看到补救性教育的效果。身为校长，我也介入了问题孩子的个别辅导，两个月时间，平均每天五十分钟，我让一个本来数数只能数到二十几，仅仅能够机械地进行二十以内的计算的二年级女生，现在能够数到一百，能够正确率较高地进行百以内的加减，以及表内乘法和除法的运算。而比她进度更为缓慢与困难的学生，全校还有两个。只是如果要说我们新教育在这问题上与一般教育有什么本质的不同的话，那就是我们仍然没有放弃其中的任何一个。一方面，我们像研究者一样冷静地观察着，借此来理解学习的奥秘、生命的奥秘；另一方面，我们像父母让孩子学步一样，不断地帮助着鼓励着，并热切地期盼着，我们坚信他们中的每一个都会有心智明亮的那一时刻。

相比这些二年级的孩子，刚入学的一年级的孩子就幸运多了，虽然刚踏进学校大门的那一刻，他们中有些孩子被城里的许多学校拒绝过，但是现在他们得到了一个自己并不知道的保证：他们永不会被放弃，他们的困难将成为老师用全部生命来理解、来解决的重大事件。

一年之后，虽然学生间依然有巨大的差距（因为在新教育课程的熏陶下，事实上优秀学生的发展速度更快），但是这一次，终于没有零分生——不，终于没有学生是“不合格”的，在某些方面，他们中的每一个都达到了良好以上，大部分孩子处于优秀的级别。

这些孩子，一年中读了不止一百本绘本，其中大部分都是刚刚从国外翻译过来的，读背了不止一百首儿歌，用字源法（也就是从甲骨文象形开始）认识了数百个汉字，创造出不止一百个完整的故事（新教育用“读写绘”课程，让孩子从一开始就能够完整地表达故事）。他们中的优秀者已经能够进行整本书阅读，也就是说，一本纯文字的六七万字的书，个别孩子已经能够在几个小时内一次读完。

他们在教师的带领下种植水仙，看着一个丑陋的沾满泥巴的球茎，在岁月中慢慢地变成绿叶，开出洁白芬芳的花朵——当然他们会把这样的情景画成故事保存在记忆中。

全班所有的孩子，用一个学期的时间，穿越一个经典童话，最后在家长会上，用童话剧的方式，向家长们汇报演出——每一个孩子都能上场，大多数道具是老师带着孩子们亲手制作的。这真是隆重的庆典。而在后面的每个学期，他们都将这样穿越一个经典童话，直到毕业。

101 班演出的是《你看上去好像很好吃》，一个恐龙间的感人至深的故事，让许多人为此落下了感动的泪。

102 班演出的是《鸡蛋哥哥》，活泼天真，载歌载舞。

091 班（也就是二年级一班，雪所在的班级）演出的是《犟龟》，一只傻傻的倔强的乌龟，终于赶上了一场生命中隆重的庆典。

092 班演出的是《丑小鸭》，这真是一个伟大的故事，为此，二年级两个班用一个星期时间，精细地学习了《丑小鸭》原文，长达七千余字的文章，有些重要的段落还需要背诵。

每个孩子的生日，都会成为教室里最隆重的庆典，他们会得到老师亲自改编或书写的诗歌。那一刻，他或她会站在讲台前，听老师一字字地念给自己听，然后，便是同学们的祝福与自制的礼物……

在每个期末，除了童话剧，还有“教室叙事”，一个学期的生活都被精心地拍摄在相机里，现在一一翻出，那些笑脸，那些美妙动人的时刻。更重要的是那些学习的精华，用我们已经穿透了、理解了的声音，再向家长们吟诵出来。在这个期末 091 班的叙事过程中，上文故事中特别的女生雪，用自己特别的生命感受，为大家吟诵了金子美铃的《橙花》一诗，所有的教师感动又震惊，因为她的声音中的理解，也许是全班最好的（只因为诗人的生命也一样脆弱与孤独，和雪的幼年有些相似之处）：

每当我
伤心哭的时候，
总是闻见橙花香。
我在这里赌气，
很久很久，
也没人来找我，
我已经看腻了，
蚂蚁从墙洞里
没完没了地爬出来。

院墙里，
仓库中，
传来阵阵欢笑声，
一想起又哭出来，
这时候，
我闻到了橙花香。

而结业仪式中最隆重的，是“为每个生命颁奖”的颁奖典礼，所有的孩子都会得到奖品，哪怕 092 班那个沉睡得最深，我们还不知道她会在什么时候醒来的孩子，也得到了一个美丽的奖：睡莲奖。雪，这两个学期得到的奖项，分别是“飞跃奖”和“紫丁香奖”。

什么是“罕台新教育”

最初来东胜罕台新教育实验小学的这些人，原有一个名字，叫“新教育研究中心”，它曾是闻名全国的新教育实验中理念探索和课程开发的最核心机构，自2006年以来，主持新教育公益、培训、课程开发、学校模式探索、理论建构等事务，提出了“晨诵·午读·暮省”的新教育儿童课程的生活方式，提出了独特的教师专业发展模式，提出了以“有效教学框架”和“理想课堂的三重境界”为核心的学科教学理论，提出了以文化为学校立魂的学校文化建设思想……更重要的，是领导着许多实验老师，以“缔造完美教室”的概念，创造了一间间不同往常的教室，推进了百十所学校的校园文化建设。

这次来鄂尔多斯，他们是想把所有这一切，浓缩实现于一所学校，看看这些曾经激励人的理念和曾经取得极大成就的课程，汇聚于一所学校里时，能够迸发出多大的能量。

当有人问罕台新教育人：新教育是什么？真的存在一套可以借用的课程，可以让所有教师凭借它而教育出优秀的学生吗？

对此，罕台新教育人是这样回答的：新教育无非是对理想教育的一种表述，我们把心目中未来的最完美的教育，命名为“新教育”，却并不表示我们已经完成了它。挂一个新教育的牌子，更不能表示我们所做的教育便已经是新教育，因为挂牌很容易，但实现理想的教育却非常难。难在何处？难在我们自身有没有达到一个卓越教育者（准教育实践家）的境界。己立才能立人，己达才能达人。我们未立之前，不能说我给孩子的已经是新教育，只能说我在努力朝向新教育。

但罕台新教育人孜孜不倦地修炼自身，却不能理解为这是教育工具的升级。我们坚定地相信：我们的生命的意义与重要性是无可替代的，我们并非工具与手段，我们自身就是教育的目的。也就是说，教育作为我们的生活方式，作为我们的职业或事业，它是我们每个教师获得生命意义的不二途径：我们不能也不应该把教育当成工场，在这里换取工资，而把幸福感、意义感寄托于工场以外的什么地方。反过来，我们认为：除非我们在教育教学中体验到幸福，寻找到意义，否则我们自身就没有领会生命的真谛、知识的真谛，以及教育的真谛。

只有在此基础上，我们才进一步认为：除非教师体认到这一点，并把这种生活方式与所有的知识、与每天的工作结合起来，否则我们就不能让教育变成一个活生生的游戏，不能把知识变成一场场精神的盛宴，无法让孩子们真切地感受到学习的快乐、生命的幸福与尊严。用孔子的话说，就是“己欲立而立人，己欲达而达人”。

因为这样的认识，所以罕台新教育人把团队共读当成了学校生活中的重要组成部分，哪怕再忙再苦，也不敢舍弃。

去年秋天，每当送走朝夕相处一周的孩子，唯一的休息日周六傍晚（因孩子住校，所以每周是周五傍晚送走学生，周日下午迎来学生；第二学期，因为时间调整，变成周六傍晚送走学生，周日下午迎来学生），大家就聚在一起，共读心理学著作，理解一、二年级孩子的人格心理、道德心理、认知心理。春节前后，团队又共读海德格尔美学和王国维美学。今年暑假，团队共读孟子、牟宗三、杜威哲学，共读泰戈尔的《新月集》和《吉檀迦利》。

也因为这样的认识，所以当暑假共读一结束，一个年轻的班主任把一些学生叫到教室，义务为他们辅导学习时，作为学校领导的我，却直率地批评了这位老师，因为她没有意识到，自身的高度才是孩子们最后能抵达卓越的保证，而多用一些时间，是绝对无法让每个孩子都达到卓越的。当然，如果孩子确实因为某种原因严重落后了，那么全校师生会想尽一切办法来让他尽可能地弥补缺漏，跟上正常的学习进度。

而一个教师的高度，又怎样才能转化为学生们的高度？

我们的回答是：通过创造课程，通过和孩子们一道穿越课程。

也正是这个原因，我们仅仅为了做一个“农历的天空下”的中国古诗词课程，一个教师就需要阅读叶嘉莹、王国维、王富仁等文学批评家的经典著作，领略古诗词中蕴含的深厚文化和艺术特质。唯如此，这个课程才能够不是让孩子死记硬背，而是每一首诗，都能够以丰富、灵动的面目涌现在教室里，转化为孩子们的生命营养。

同样地，一个科学课程的开发，需要开发者具备从量子物理学到基因科学的大量知识，一个历史课程的开发，则需要教师同时具备丰富的历史知识和历史学的洞察。

因为意识到这一点，所以罕台新教育人日不间断地提升自身，并且用团体的力量来开发课程，让每个课程在一开始就拥有一个相当的高度，然后在时间中不断地切磋琢磨，让它成为被验证过的精品。

罕台新教育的课程系统是十分庞大的，仅就其中的晨诵这个概念而言，它在一年级是以儿歌童谣为主，二年级开始过渡到儿童诗，二、三年级穿越整本金子美铃的诗集《向着明亮那方》——当然不只这本，还有另外的许多美妙的诗歌。在四、五年级，是一个叫“农历的天空下”的中国古诗词之旅，一年，三百来首中国古诗词，按节气，按温度，慢慢地穿越。然后，是泰戈尔的整本《新月集》，是儒家课程，是道家课程，是毕业课程……而仅仅一个“农历的天空下”，除了季节和节日诗歌，在春天部分，就有梅花课程、百花课程、落花课程、杨柳和离别课程……

比晨诵的阅读量要大得多的，是从读写绘开始的整本书阅读，仅一年级就要读几百本精美的图画书，三、四年级有个突飞猛进的阶段，一本十万字左右的童书会在两三个小时中读完，一天一本，要读完一大批同一级别的童书（每天仅需两三个小时），而后面等待着他们的，则是需要细细揣摩的伟大经典……

这些都不是象牙塔里的臆测，这些都是新教育研究中心在全国各地验证了的成果。现在，它们将在一所学校里，在全部教室里，再度完善，让每一个孩子受益。

站在开端处，我们正在酝酿一个由自己创造的文化

在新教育研究中心和罕台新教育实验小学，管理人的，不是校长或教导主任，而是学校所有教师一致通过的价值系统（使命、愿景、价值观），所有的成员，都可以把这个当成“法律”，来质询校长是否遵守和捍卫着它。而那些亲身显现这些价值的老师，就是学校的榜样，是学校的真正的领导者。

这就是我们所理解的文化治校。

文化就是我们的存在方式，好的文化就是一种真理式存在，在其中的每个生命都是目的（而不只是工具），每个生命都不断地修炼自身、朝向卓越、承担使命，成为卓越与完美的创造者……文化，就是讲述一个我们自己的伟大故事。

当然同时，文化也是一个特定群体创造并共同享有的物品风格、价值观念、组织方式、行为方式。

于是，从一棵草、一棵树、一首校歌开始，我们就这样慢慢地打磨着我们的校园。不出高价请装潢公司替我们打造精美的校园文化，然后我们享受它，而是我们用双手、大脑以及心灵，在岁月中慢慢地耕耘、筑造、打磨。

除了类似上面的无数故事，过去的一年，我们形成了许多自己的格言、方法、观点。其中收获之一，就是我们有了属于自己的校歌：

苍穹杳杳，罕台川旁，
绿洲于沙，弦歌悠扬，
楼宇雅净，乃我学堂。

晨诵诗赋，午读典章，
含英咀华，如品如尝；
入暮思省，一天回望：

是否勤奋，有无独创？

以日以年，如苗之壮。
既质又文，君子堂堂。
立此天地，达彼万方。

这首由我起草，大家反复修正，最后一致通过的校歌，便成了我们第一批创业者的一个历史见证。

歌词的第一段，描述了我们学校所在的环境。苍穹，深邃的天空，这是半沙漠半草原的罕台最大的财富、最美的风景，也暗示着这片土地，就曾是那“天苍苍，野茫茫，风吹草低见牛羊”的歌中所描绘的草原。罕台川虽然干涸了，但它的地下水，却造成了一片绿洲。绿洲在沙漠之旁，而我们未来的新学校就在绿洲之旁……

歌词第二段，讲述了我们“晨诵·午读·暮省”的生活方式。

歌词第三段，呼应了我们“相信种子，相信岁月”的校训，以及儒家传统“文质彬彬，然后君子”和“己立立人，己达达人”的教诲，和我们的孩子将以此为起点，走向世界的远景。

同样的，我们的校徽等文化象征，都正在酝酿形成之中。

这些，就是用生命来刻画、来积淀的学校文化，它是一种活的精神，首先得由教师带着孩子活出来，然后凝聚成词语，成故事，成画面，流传给历史。

就这样，一群年龄不一、坚定程度不一的人，将在一片叫罕台的土地上，年复一年地筑造、劳作、栖息、歌唱，他们的故事，就是“罕台新教育”。

晨光中的罕台新教育小学

这是我的一篇日记，日记写成一年后，我自己曾经评述说：和两年前的咿咿呀呀已完全不同，但还不是在两年后的深得精髓，而是当前的美好：乐器、合唱、晨诵……确实，今年随着“农历的天空下”课程的展开，孩子们的吟诵魅力已经与去年不可同日而语。随着小桥音乐会每周一次的高频上演，孩子们的艺术兴趣与能力也与去年不可同日而语。但这还不是最完美的时刻。一切令人向往着，憧憬着……

2012 年 11 月 23 日，6 点 30 分，东方稍稍吐白。从宿舍前往教学楼，路过学生所住的楼层，还一片静谧。这些孩子，或许还在永无岛和 B612 星球上，做着自己的海盗和飞侠梦、王子和玫瑰梦呢。

虽然农历的节气里，昨天还只是小雪，但地处鄂尔多斯高原的罕台校园里，冰雪已经覆盖了一月之久。此刻室外零下 11 摄氏度，尚不算太冷，只是不宜久站。

教学楼里的暖气特别足，只需穿一件单衣就足够了。到 7 点，各间教室里陆续亮起灯光。我进三年级的教室一看，两个教室里的孩子都在静静地阅读。这时候，灵魂尚未真正醒来，也不宜用尖锐的铃声、齐声的读背将其强行唤醒，此刻的自由散漫的阅读也似乎只是在延续刚刚的梦。

三年级的孩子，刚开始步入自动化阅读，开始不再受生字所困，能够直接聚焦于故事本身。我看到一年级刚入学时爱显耀大力气的“野男孩”、自夸为“屠户的女儿”的刘佳宁，此刻已经是一个标准的文静女孩，捧着一本厚厚的《希利尔讲世界历史》，读得入神。

罕台新教育小学三年级的孩子，阅读力较强的，在个人的自由阅读中，正适宜国际大奖小说系列，以及《哈利·波特》、金庸武侠、传统的侠义历史小说。放眼看去，孩子们手中的书真是五花八门，既是兴趣之异，更有阅读力的差别。一年级时，他们看了上百本绘本，听了数百个故事，经过两年多的岁月，有些孩子已经完全地超越了这一阶段，而还有些孩子才刚刚从图画书中钻出来，进入图文兼备的桥梁书的阶段。但大多数孩子已经进入了完整的童书阅读阶段，教室书柜里的数百册不同的儿童文学经典，正是他们此时最好的营养。

四年级的一个教室在读本学期班级童话剧的剧本《中国创世神话》。剧本是由班主任严盈侠老师亲自编写的，孩子们正在熟悉这个剧本。随后，他们还练了一会“气功”——唱歌的运气之功，因为四年级两个教室都把“唱诗”当成了教室的特色。

到 7 点 20 分，一楼的二年级教室传来了一些葫芦丝的乐声，这是已经到早餐的时间了。

昨晚，从邻近的实践基地里传来熟悉的跑操声：一边跺脚齐跑，一边齐喊口号，标准的军队模样。于是想起去年我们学生寄居在实践基地里的情形——新学校未建成前，我们在那里住了一年。同一作息时间的，还有另一所学校的高年级学生。开始时，因为他们是主，我们是客，所以除了新教育教室里的事务，我不愿意介入学校层面的管理，只是观察。我发现，孩子们就是在这样的严寒里，在操场上一圈圈地跑步，喊着口号。于是我不得不出面介入，把属于我们新教育部分的一、二年级独立出来，停止跑操，先改为自由活动，不久就由班主任直接带回教室了。

当时有学校管理人员不解，觉得这样不能锻炼和规训孩子。他们认为，孩子们有必要进行那个锻炼和规训，以适应这个环境，适应我们的时代。

我说，这不是锻炼，也不是规训，这是在错误地让孩子愚笨。因为生命的能量是极其有限的，严寒中这样跑操与其说是锻炼，不如说是逼着孩子发挥生命极限。当时食堂的营养又相当不足，孩子等于是把全部的生命能量，从一大早，就消耗在冰雪的操场上。于是往往才第一、二节课，就有不少孩子趴在桌上——这当然是极端的个别现象，但其实几乎所有的孩子，都已经不可能把生命的主要能量用于学习了。

现在，我们确保孩子每天一小时的锻炼，但都是自由的、愉悦的体育活动，像轮滑、舞蹈、体操、各种球类、跳绳和转呼啦圈等。锻炼，至少对小学生而言，不应该是饿着肚子在零下20多摄氏度的操场上跑步。

记得当时许多孩子脸上长着我们家乡俗称“冷饭块”的癣状印记，这是营养不良的表现。后来进了自己的新学校，我们不仅没有从食堂盈利，第一年还花了许多钱贴在食堂里，终于，孩子们的脸蛋一个个白净起来了。

7点45分，教学楼里开始慢慢地热闹起来，孩子们吃了早饭，身上又有了新的能量，精神与身体都自由起来、舒展开来。

晨诵一般是早上8点开始，早餐后到晨诵的时间，是各班自行安排的“文艺”时间。

远远地，二年级111班小蜗牛教室里，传来了葫芦丝演奏的《瑶族舞曲》，而旁边的112班小海螺教室，演奏的是《雪绒花》。葫芦丝是他们这学期刚开始学的乐器，去年学的是口风琴，今年才学了几个曲子呢。不过有些孩子真是喜欢这乐器，只要是自由时间，就捧着它呜呜呀呀地吹个不停。

学校刚引进乐器的时候，艺术老师建议只在高年级教学，认为低年级会学得太艰难，没这个必要。结果不久后就让他大跌眼镜，因为低年级的孩子学得更快，更纯粹。

比这事更让许多人大跌眼镜的，是今年刚刚开始的轮滑。学期初，区团委赠送我们八万元的轮滑器具——师生人人都有，因为我们总共才二百来个人。体育老师原本在一、二年级只是试着教一教，结果发现，

一、二年级的孩子比三、四年级的孩子学得更快，滑得更好。四年级的孩子（在我们来之前有过冰天雪地跑操经历的），一穿上轮滑鞋，身体便僵硬起来，动弹不得；而低年级的孩子，不久便小马驹似的滑动起来。

在罕台新教育实验小学，四年级以前，浪漫、丰富是一条课程的大原则。语文极少做练习，除海量阅读和自由写绘外，只是在朗诵、习字、生字等方面做精确的要求。而艺术、体育所占的分量相当大。为了让孩子们能够舒展身体，在低年级教室附近都有一个活动室，可以在地上翻滚，以及小小的“打闹”。其中一年级的专用活动室，比两个教室还要大得多，地上铺着卷材，哪怕摔一下，也不会有什么事。

三年级的孩子在二年级时，学的就是葫芦丝。他们和老师们一道开始学习，过了几个月，就陆续把老师们抛在了后面。吹得最好的几个，吹奏高难度的曲调时，一块起步的老师们便只能望洋兴叹了。

进入四年级，他们学习的是葫芦笛：这种乐器比葫芦丝可吹奏的曲目更宽广些。第一个月，颇不成曲调。现在他们已经能吹奏许多曲目了。我看到101班小毛虫教室的不少孩子在教室对面的活动室里独自吹奏，直到汇聚的时间到了，才进教室和同学们齐奏几个曲子，今天，他们吹奏的是《剪羊毛》和《甜蜜蜜》，而旁边102班小鸟教室演奏的是《天空之城》。

四年级的孩子在三年级学的乐器是竖笛，进入四年级学的是吉他。这个乐器难度就大了，所以他们至今还在练习基本的指法。于是晨间的文艺时间里，大家就练合唱。两个班级刚刚都在学唱英文歌曲*Silent Night*(《平安夜》）和《让世界充满爱》。前者是学校英语儿童课程的内容，后者是晨诵课程中的一个小单元：每学期唱十首歌词寓意优美深远的歌，这是其中一首。

091班愿望花教室一两个星期前就开始了“唱诗班”的行动，也就是说，以合唱为班级文化的重要表征，而不仅仅是作为一个小项目、一项小技艺。所以，他们的合唱声一起，整个教学楼似乎就静了下来，虔诚起来。

这一天，正好本校的童话校长、儿童文学作家童喜喜在学校，先前，她和我一样，在各班的教室外穿梭，感受着这个时刻里的自由、静谧和美好。童声合唱响起，就不知不觉地走到了教室后门口，去亲近这黎明的美好一刻。

是的，如果用录像把它录下来，放在网上，传达的将不是这一刻的美妙。这一刻，由屋外零下十来摄氏度的冰雪、天井里自由自在游来游去的几百条鱼、各处悠扬的乐声共同组成。

8点，短暂的音乐铃声告诉所有教室，正式的晨诵时间到了。

罕台新教育的晨诵课，是新教育实验晨诵课程开发中框架最为清晰、资源最为丰富的。它完全继承了新教育研究中心自2006年以来的研究成果，每一年，每一学期，每一单元，都被精心地编织了。在“新教育晨诵课”第一册的序言之一《给老师和爸爸妈妈的话》中，我们这样写道：

> “新教育晨诵课”共12册，这是第一册。十二种颜色的彩虹里，靠近暖色的第一缕光。
>
> 依据儿童的身心发展，依据或浅或深的文化进程，那些深邃、美好的诗歌，将在后面的季节里陆续显现，如整整一年的“农历的天空下”中国古诗词之旅，如精心编织的中国儒道课程，以及依次来到教室里的适合儿童的伟大诗人：金子美铃、顾城、狄金森、罗大里、泰戈尔……
>
> 但在这一册里出现的，是最适合孩子的儿歌童谣。最好的童谣，应该是没有作者的，它们真正的作者，名字叫母亲，叫外婆。
>
> 生命应该是从这里开始的，而不是从李白、杜甫的诗歌，不是从孔子的教诲，更不是从《道德经》的哲理开始的。
>
> 我们常说要亲近母语，母语是什么呀？母语不只是汉字，母语也是母亲的声音，是乡土的声音，是这片大地上的语言……
>
> 请您牢记这一点：母语，首先不是文字，而是您的声音。
>
> 晨诵，就是孩子跟着你牙牙学语，就是小鸟随着大鸟放声歌

唱，歌唱这个世界的美好，歌唱作为生命的快乐。

对本册的儿歌童谣来说，重视声音这一点尤为重要，你一定要拍手跺脚地念出节奏来——依儿童这个时候的生命节奏。

至于最终孩子们能不能一个个地认这些字，一点都不重要——最早创作这些儿歌童谣的人，她们中大多数并不认得字呢。而这才是地地道道的“母语”啊，这才是真真正正的“外婆谣”啊。

所以，在9月，这些刚刚进入校园的孩子，先是穿越了“外婆谣”和“老北京童谣”以及“方言土语——陕西、山西民谣”这三个以音为主的晨诵单元，现在进行的是“我要做个好孩子”的入学规训单元，据说已经到了小结的时候了。

说起规训，也并不只有板起脸、提着戒尺这种可怕的模样，也并不是要啰啰唆唆地讲大道理、小道理。它完全可以有一种轻松活泼的愉悦模样，就像孩子们此刻在唱诵的那样：

雁雁雁雁排成队，
后头跟个小妹妹。
雁哥哥，慢点飞，
雁妹妹，快点追，
大家团结紧，
谁也不掉队。

这是讲你追我赶又团结友好的，还有这样“励志”的：

风吹坏了你的网，
你忙重织一张网。
雨浇坏了你的网，
你又重织一张网。

鸟撞坏了你的网，
你再重织一张网。
了不起的小蜘蛛，
不哭不闹好刚强。

不过老师们是这样读的，孩子们读的时候，就换了人称，他们读的是：“风吹坏了我的网，我忙重织一张网。雨浇坏了我的网，我又重织一张网。……了不起的小蜘蛛，不哭不闹好刚强。”

就这样在大量的儿歌童谣，以及少量的《三字经》和对对子、读唱唐诗之中，孩子们度过了一年级的每个黎明。

每个晨诵，除了富有情节，需要孩子们互动猜测的少数诗歌，绝大多数晨诵诗歌都是从老师富有感染力的示范开始，老师用自己的情感和声音，直接展示一首诗歌的魅力，但基本上不做分析和讲解（这和语文课正好相反，语文课是讲解分析的，是逐步分解到整体领会的），然后孩子们似小鸟一样，跟着大鸟在黎明吟唱。短短的二十分钟，完成以前学习的诗歌的温习、新晨诵诗的学习。训练久了，大多数孩子往往晨诵课一结束，就自然会背了。少数慢的孩子，也不刻意要求背诵，他们努力且仍有兴味地读够这些时间，能跟着大家读出来、背出来，也就够了。成长不是一天的事情，他们会在这丰富而点滴的积蓄中，突然有一天，就能完成今天所不能完成的这一切。放弃、不做要求与强求、硬拉扯都是不利于孩子的生命发展的。

到了二年级，儿童诗成为主要的吟诵内容，当然还有一部分古诗。今天，112 班小海螺教室晨诵的是《会飞的叶子》：

谁都怕冬天，
说冬天冷。
小麻雀却说不，
在光秃秃的树丫上，

朗诵小诗。

谁都说冬天难看，
孤孤单单没有绿意。
小麻雀站在枝头，
给寂寞的老树，
添上一片会飞的叶子。

而111班小蜗牛教室则已经进行到古诗加故事的单元了。在这个单元里，每个早上，老师要讲一个故事，然后从故事中引出一首诗。譬如他们今天讲的故事，是黄巢的落榜，以及他写《题菊花》的故事。每个单元，总有一首领起的诗歌，这个单元，老师选择的是《赋得古原草送别》，虽是二年级的孩子，一个个凝神静气地唱着，声音温柔、悠远，仿佛岁月一下子拉回到了唐朝：

离离原上草，一岁一枯荣。
野火烧不尽，春风吹又生。
远芳侵古道，晴翠接荒城。
又送王孙去，萋萋满别情。

从二年级下学期，一直到三年级上学期，春夏秋冬，整整一年，孩子们最大的一块晨诵内容叫《金子美铃的四季》。金子美铃是日本女童谣诗人，也许是文化的同源，她的诗歌翻译过来，无论是在文化意象上，还是感觉上，都几乎和我们的母语无异。而本土儿童诗人中，确实没有出现过这样既纯粹、多产又深厚的大家——顾城的一些诗作完全有这样的深度与力度，但顾城毕竟不是儿童诗人，那些诗也只不过是大家小作，偶有的惊奇罢了。所以，在我们的心目中，似乎已经把金子美铃改了国籍，把她的诗作完全地当成我们的母语来学习——这当然还必须感谢高超的翻译。在高年级，还有一个外国诗人被我们这样直接引入，那就是泰戈尔，同样是因为东方的文化背景，以及冰心和郑振铎的精妙翻译。

101 班小毛虫教室，正在进行金子美铃系列，晨诵前，他们唱的是金子美铃的歌曲《我的头发呀》：

我的头发呀亮亮的
因为妈妈常抚摸它

我的鼻子呀塌塌的
因为我总是擤它

我的围裙呀白白的
因为妈妈勤洗它

我的皮肤呀黑黑的
因为我吃了炒豆豆

然后，他们温习了《梦和真》，学习了《电视机》。金子美铃最好的诗歌，是那些单纯、天真，甚至令人有些忧伤的纯美之作。与此相反，在旁边的 102 班小鸟教室进行的谢尔单元《阁楼上的光》的晨诵，则以活泼有趣见长。今天，他们的诵前歌曲是 *Big Big World*，晨诵的内容是《忘了点什么》：

我记得我穿上了袜子，
我记得我穿上了鞋子，
我还记得我打上了蓝紫相间的领带。
我记得我穿上了西装，
好在舞会上仪表堂堂。

但我还是觉得
我可能忘了点儿什么——
是什么呢？是什么呢？

忘了点什么呢？如果你从文字中猜不出来，谢尔大叔自己的插画会帮助你——原来，这位先生忘了穿内裤！

四年级的诗歌，仅就篇幅来说，就已经不是一、二年级时所能想象的了。有些诗歌就是一篇较短的课文，但同样在二十分钟里完成这一切：兴发感动，反复吟哦，适当记诵……再过两个月，在四年级第二学期，他们就要开启一个重大的晨诵项目，为时整整一年的“在农历的天空下”，数百首按节气展开的古诗词，将让他们领略汉字的精微与精妙。而现在，他们正在努力成长，既是为了让那美好的未来成为可能，也是充分地享受这当下的时光。

091 班愿望花教室今天晨诵的是《早上，多美好的时光》，而 092 班小种子教室今天晨诵的居然是一段我的文字。原来在不久前，他们学了我写的一首儿童诗，大概因为作者是身边的人，孩子们颇感兴趣，而且教育者写来的文字，背后总会有教育的意蕴，这又会让老师满意。因此老师们就把我在上《和氏献璧》时放在课结束时的一段文字《璞之歌》，当成诗歌引入了晨诵。

我是一块神奇的石头
无论有多少人认为
我只不过是块石头
一块不起眼的石头
我坚信在我的内心深处
埋藏着独一无二的美玉

我相信这一点

就像我还相信
我一定会用一生的时间
来雕琢这块神奇的石头
让它在每一个时刻
都发出生命的光辉

它确实不是诗，我在写的时候就没有当成诗来处理。但最终什么是诗呢？它不仅是节奏，不仅是押韵，不仅是华丽的辞藻，也不仅仅是意象与意境，而是生命朝着大道的延伸，或者绽放。

如果所有这些诗还不够好，还算不得真正的好诗，我可一点儿也不着急。因为这一切只是伟大的准备，而“在农历的天空下”则是重大的转折。在此之后，孩子们几乎已经不再是在学习儿童诗，而是直接和一切伟大的诗歌相遇。

那么就让他们今天依然是十足的儿童，就让今天的晨诵依然带着幼稚的风味。而就是在这样的岁月中熏陶过一年两年，孩子们的声音已经和当初大不相同——他们不再吼字，不再拖腔，而是能够准确地把握住诗句的语气语调，轻轻地吐出这些珍贵的文字。

而未来，他们将与更伟大更深邃的人类精神相遇，无论是虔诚、激昂、悲愤，还是忧伤。

这是一个小小的、短暂的黎明，是一天的舞台，轻轻地拉开一角帷幕。当它结束的时候，室外已经大亮，新的一天已经来到。灵魂舒展所需要的一切，精神成长所需要的一切，包括挫败甚至偶尔的无聊，都一样会准时来到吧。

隐匿时刻的隐秘歌吟

我从小就喜欢神秘的太极图，觉得它里面蕴含着许多神秘的元素：对峙与和解，明亮与黑暗，显现与遮蔽，对立元素的相互依存与相互转化……一般人会以为这是一个属于道家的图案，它象征的是“道法自然”。其实不然，它是最完整的“儒家图腾”，它的意蕴就是“生生不息”——白，是天道或君子自强不息；黑，是地道或君子厚德载物。请注意，黑与白，同是天地或君子的表现。其实道家的尚朴、尚下、尚静、尚黑，是过度强调了黑的那一面（知其白，守其黑），但真正的道法自然，应该是黑夜与白昼的一体纳入和相互转换：秋天的叶落是自然，春天的花开也是自然，夏天的积蓄与冬天的忍耐，都是自然，都是道之显现……所以儒家和道家在基本结构上是完全一致的，只是儒家强调了白，也就是创造、显现、积极的那一部分，道家强调了沉默、隐匿、对他者无为的那一部分。

我说这些，是因为许多人感觉得到：网师，网师中的许多骨干，尤其是我个人，现在相当程度是处于一种隐匿的状态。黑白转换中，我们转到了夜，转到了黑，甚至，有时会有夜到夜半的那种无力、疲惫、厌倦的感觉……

这七八年来，师友和亲人们总是一再叮嘱我要保重身体。确实，自2004年以来，我先是发现了知识、教育的富矿，夜以继日地阅读，我觉得那几年的阅读量比读一两个博士学位还要大。然后，自2006年重返新教育，亲聆朱永新先生教诲，当时更多时候是夜以继日地工作，而且这个趋势越来越疯狂。2008年汶川大地震时是一个高峰，那段时间前前后后的一年左右，我感觉到自己处于一种疯狂的状态……

但高峰也就意味着下一个山谷，一个向下的坡。那些年，我的身体一直在发出严厉的警告，而我也清楚地知道：想要走得更远，想要等及年轻的同事成长起来，我必然从白转到黑，从不断地显现，转到怀着希望的隐匿中。

由山峰转到低谷其实是一个不断地争执起伏的过程，一面还要争取那刚刚创造的一切，还想创造得更多；另一方面，知道我们由盛夏转到秋，甚至到冬的沉默，于是渴望着拥有一片土地，容我们在创造的同时得到栖息，譬如芦滩，或者车山岙。去年刚刚来到罕台时，心里仍然搁着许多新教育的事，想要继续开拓。几次软硬碰壁之后，忽然大彻大悟，这是上苍要我借这个获得隐匿，得到生命中的重要的秋天和冬季。

“丰收后荒凉的大地，黑夜从你内部上升。”是的，这种感觉，就像海子在《黑夜的献诗》里所吟唱的那样：

黑夜的献诗
——献给黑夜的女儿

黑夜从大地上升起
遮住了光明的天空
丰收后荒凉的大地
黑夜从你内部上升

你从远方来，我到远方去
遥远的路程经过这里
天空一无所有
为何给我安慰

丰收之后荒凉的大地
人们取走了一年的收成
取走了粮食骑走了马
留在地里的人，埋得很深

草杈闪闪发亮，稻草堆在火上
稻谷堆在黑暗的谷仓
谷仓中太黑暗，太寂静，太丰收
也太荒凉，我在丰收中看到了阎王的眼睛

黑雨滴一样的鸟群
从黄昏飞入黑夜
黑夜一无所有
为何给我安慰

走在路上
放声歌唱
大风刮过山冈
上面是无边的天空

“黑夜一无所有，为何给我安慰？”因为留在地里的人，埋在教育里其实很深，很沉，很安静；因为其实“谷仓中太黑暗，太寂静，太丰收，也太荒凉”；因为其实看似一无所有的黑暗中的大地里，有着沉默的种子，有着种子对岁月的渴望与信任。

我知道，虽然我有过许多可以放弃和必须兑现的承诺，但此刻，命运给我的责任首先是“守护罕台新教育”：如果我不能爱护这些老师和孩子，而去怀想网络那一端某些人、某个地方，这将是荒谬的；我们将永远生活在别处，在生活和教育的围城中进进出出，却找不到筑造与栖居的地方。

但罕台新教育实验小学，并非有人通过网络想象的圣地或者胜地。它的教育才刚刚开始，稚嫩得我们不愿意有人来观摩、来干扰；它的生活还依然不能说已经免除艰辛（食物、水、温暖、光明，在罕台并不是可以无虞到淡忘的事物）……

这是一群还有些梦想的平凡人汇聚在一起。和我老家著名的民国时期的春晖中学完全不一样，这里不是今天的大师和名流愿意来的地方。它只是我们这些普通的教师和义工，不成熟的、不成名的，甚至在道德、工作品质上还极稚嫩的正在慢慢成长的人，陆陆续续地，慢慢汇聚在一起。

但是，它将注定是卓越的。因为我有承诺，我们这群人对此有着承诺——是的，我们中的每一个都必须得承诺。承诺，就像婚礼上的宣誓一样，有人把它当成儿戏，但如果把神圣仪式上的宣告当成儿戏，那么这个人就没有什么可以值得信任、值得寄托了。

而我们是有承诺的，我们的承诺注定我们会超越当下的软弱、虚弱、贫弱、脆弱，注定将在这漫漫长夜默默地成长起来，在三五年时间里，和孩子们一道不可抑制地成长，逐一地成长到理想教师的模样。

但如果罕台是我当前天命所系的地方，那么网师是什么？我对网师的承诺是否已经放弃？网师，对我意味着什么？网师，对罕台意味着什么？网师，对新教育意味着什么？网师，对它自己意味着什么？网师，对每一个学员意味着什么？

这几天，我在乌兰察布凉城县岱海平安希望小学全日候支教的间歇，总会想到这个问题。

我想，网师，除网师这个概念自身以外，它是我们每个个体“教育存在”的一扇“窗口”。但是我们的存在，我们的生命，有着各自的中心，网师只是我们生命叙事中的重要段落，是我们生命空间的重要组成部分，但它既不是全部，也并非中心——打开窗口，让风和阳光进来，进到我们可能封闭于一隅的存在，但是，我们将仍然立于各自的大地、各自的岗位上。

网师，除了极少数以构建网师为业的人（这个人数也将慢慢增多），对我们中的大多数人只是一扇窗。一扇朝南的窗，可以窥见阳光、月光、星光的窗，可以让或温暖或凛冽的风吹进生命的窗。

网师，对我而言，对罕台而言，我想也是对今晚相聚的每一个人而言，都意味着一个我们可以借此超越眼前境域的“超拔的境界”，一片高冈。这里空气清冷，高处有时让我们生出不胜寒的感觉。但在这里，我们不复受制于官僚的会议、没完没了的形式主义的表演与检查，我们不复必须承受每天没完没了的股价、房价、菜价的唠叨，我们不必天天困扰于年复一年令人迷茫的职称、评优……而那些我们少年时在书本上读到，曾经憧憬、曾经觉得美好的词语，那些在我们渐渐不复年轻的岁月里慢慢褪色的词语，网师却在宣称它们仍然是“存在”最明亮的月光，是值得守护、擦亮的珍奇。

在这里，我们可以暂时地保有一方心灵的净土；但是，网师却并非灵山，进入网师，并非就是抵达朝圣的灵山。网师只是一条道路，一条在尽头一无所有，更没有关于灵山的传说与承诺的道路。

我不知道大家能不能明白这个比喻，我不知道如果大家明白了这个比喻会不会失望。

其实，网师在这两年中，点燃了不少朋友的存在激情，但也让很多人感到失望——只是他们没有说出他们的失望。不敢，没有机会，不被许可，或者羞于言说失望。

在两年前的这个时候，我曾说过：“或许某一天，你会发现光彩夺目的‘朱永新教授’或者‘新教育’，也并非钻石刻成。你更容易发现，干国祥或者铁皮鼓其实学问很肤浅；你更可能发现，所谓的新教育实验，其实是一群不明白教育的人，在苦苦地寻觅着教育真谛而至今并没有觅得……”

事实上，这两年中，我们似乎从来没有将现成的“宝贝”摆在网师、网师教室里。而且如果你愿意，无论是关于某部电影、某部经典作品，还是关于某篇课文、某堂课，你都完全可以通过越来越强大的互联网资讯，读到数倍、数百倍优于网师的解读、点评、诠释。有许多大家对教育和经典的解读，远超过我们这些半路出家的“砖家”。

网师里没有大师——至少现在没有，也许网师中那些年轻的成员在经历岁月洗礼后，会出现一颗两颗教育界、学术界的新星，或者他们还将如群星般闪耀。（我指的是网师的学习者们，和像我这样身兼讲师的学习者，今天我们确实都只是或坚忍或脆弱的学习者。而且，哪怕犟龟般坚忍的品质，也并非与生俱来，而必须从生活中磨砺而得。）

但我发现，把网师比喻为道路是自相矛盾的，因为，我们真正的道路还只能在校园里、教室里，我们最终只能通过在那里日复一日的操劳，才能领悟到教育对我们究竟意味着什么。那么网师还能是什么呢?

网师，只是一张空白的地图。在这张地图上只写着一个标题：理想教育向导图。然而，在它上面没有任何标志，没有任何方向，甚至，没有任何地名……那么我们在这里做什么呢?我们在这里歌唱、沉默、哭泣、激奋……为什么?为了什么?因为什么?

今晚，我不想对这些问题做任何激昂的回复，因为我知道自己的生命正转入一个隐匿的黑暗。今天上午，在乌兰察布听了两节课，然后上了两课——三年级的语文课《秋天的雨》。一上完课就起程，来不及吃午饭，怕赶不上今晚的开学典礼。在漫长的归程中，想着今晚这个时候，却发现自己不知道还能够说些什么……

为了梦想，人在许多时候必须挥汗劳作，而在另一些时候还需要妥协，承受“烦”（而这就是“耐烦”一词的意义）。就因此，我已经在相当长时间（可能还将在相当长时间内），没有办法深度阅读经典，没有办法在教室里待上一周两周，把某个教育教学问题的思考与研究，在杜威和苏氏们的基础上，再向前推进哪怕一步两步。

但我知道这并不就是沉沦——即使这是沉沦，也只是日夜交替中的轮回，是隐匿的黑，是光明必要的营养，就像莲花，它必须生长于淤泥中。

在这深深的黑里，我的心灵仍在歌唱：为罕台，为网师，为新教育，为这些有缘相逢的兄弟姐妹，以及孩子们。只是这是沉默的歌吟，或者你已经不复听见。

我不想再承诺什么，因为我能够坦承的都已经坦然展露，我只想让自己相信：在隐匿时刻，忠诚的沉默也就是生命的隐秘歌吟，这无声的歌吟或许从此无人听闻，但我必得如此而行。最终，这支歌就是我全部的生命，我不愿意就此把它辜负，但若不是承受那些命运必然需要的坎坷，它又将是何等地平庸、平淡？

谢谢所有信任我，对我有所期待的老师和朋友，我期盼着黑暗之后的那个黎明，但是我并不着急于成为黎明。

而网师，这扇曾经透强烈的阳光于我生命的窗口，这些天来透入的是一窗夜色中的星月微光。但就像北斗星座，它们比那白炽的光芒更清晰地指引着我，让我明白该走向何方。

黑夜一无所有
为何给我安慰
走在路上
放声歌唱
大风刮过山冈
上面是无边的天空

2011 年 9 月 28 日

从乌兰察布凉城岱海，至鄂尔多斯东胜军台途中

（本文为新教育实验网络师范学院 2011~2012 学年开学典礼上的发言）

我最好的礼物还没有送出

一

偶然被贬到这个世间走一遭，总得反对点什么，赞美点什么，改变点什么，留下点什么。

我曾经只是一个想要逃避、想要游戏的孩子。

逃避？对，像陶渊明逃避体制一样，我十岁之前就开始了类似的逃避。我逃课，不做作业，拒绝上学，拒绝填写好的志愿，拒绝进城……一个十多岁的孩子坚定不移地不入团，这在许多人是不可想象的；整个学校最后只剩下了唯一一个非党非团的学生，但他不为此骄傲也不为此自卑，只是说自己还没有找到信仰，所以，请原谅他拒绝——这在许多人是不可思议的。我的老师和同学都还健在，他们知道我并不早熟到像个怪胎，我只是希望至少在信仰这件事上，我能够真诚到底。

一辈子，傻几回，管他成败荣辱得得失失，仅仅是为了说一句：我是我，这就是我，我愿意接受一切美好事物，并且为此深深感激你们；但是，请别按你们的格式、套路、模具，来塑造我的灵魂。除非我心甘情愿地接受，进而去受训、履行、担当、皈依……

请说服我，请用真诚、美妙、深邃来说服我——这是自幼在我心底里呐喊着的渴望，然而学校没有做到，直到我在伟大的典籍里发现了同类。

游戏？对，像个真正的孩子，我沉溺于一切能够让我“眼前一亮”的事物。大自然的草木，花开花落，这是和梁山好汉们的故事一道最早吸引我的。后来，有了绘画、音乐、舞蹈，还有越来越深沉的文字，比如哲学和宗教，这时候，我十五六岁。读得懂吗？不需要现在做学问的那种懂，需要的是朦朦胧胧、真真切切的感受，那种时不时被灵犀一点的战栗，以及兴发感动，乃至于无以言表的狂喜。

如果不是对制度化教育的刻意逃避（不是对抗，对抗需要旗帜和武器，我没有旗帜也没有武器），我将无法创造出改进教育的那些课程。因为文化也罢，教育也罢，课程也罢，它们的本质都是复制，一个在彻彻底底的应试教育中打印出来的人，是永远不可能创新课程的。不可能，连改造他也基本没有可能，但依然必须尽一切可能去改造。

如果不是那么多的迷恋、迷醉、迷失，我是不可能创造出“全人之美课程”的，因为你不知道它们究竟有多好，有多美，除非你深深地沉醉过，曾经为之真正的三月不知肉味，乃至漂亮的女孩，也不能让你改变生命深处的抉择。那个开除了我的学校，是天下最美丽的学校。因为那里不只是有少男少女被限制了的朦胧的青涩，还有永远没有休止符的体育运动、艺术展览，演出、诗歌、实验……我的老师们在迷迷茫茫中做出了最好的教育，因为他们真的不懂教育学，不懂课程学。他们只是一个地方汇聚起来的最不务正业的高手：会几十种乐器的，会把手风琴拉出人声的，最有名望的画家，当地技术最精湛的篮球运动员、体操运动员，书法最精湛的老人……他们真的不懂教育，所以才有了最好的教育。

二

所有这一切，这个世界赠予我的美好，我都通过以自身为丹炉，以化学反应式的整理，十倍、百倍地赠还给了这个世界。

我相信全人之美课程不仅是当前最好的课程（之一），乃至在可见的时间限度里，它依然只能被局部模仿、借鉴，但是无法超越。除非……

我相信“过一种幸福完整的教育生活”“做一个自我实现着的自由人”依然是这个时代对教育目的的最好表述；我相信“中国风，天下心”依然是对中国认同与世界认同、人类认同最中国化的表述，因为“天下”乃是中国古人的雄心和眼界，当他们说中国的时候，总会说到天下，而不是那么狭隘又那么丑陋的一群无知且聒噪的人在仇恨整个人类；我相信“相信种子，相信岁月”依然是对教育事业最诗性的表达……

话不是从嘴里说出的，仅仅嘴里说出的话永远只是对别人语言的重复。你的创造性话语，一定是从你的灵魂深处涌出的，是你的精神和思想本身。

至于课程，虽然时代需要我们暂时统一到一个声音、一种样子，以便应对接下来有可能即将到来的巨大的世界性危机，但是，晨诵·午读·暮省、读写绘、童话剧、农历的天空下等已经走过了十五六年的课程，一定会以改名或原名的方式，散播到这片大地更多的教室里，仅仅因为它们是美好的，是对孩子的成长有益的。这是我从我的教育经历、我汲取的文化中采撷而来的对儿童来说最美丽的那部分人类财富。全人之美不死，它会变形，因为它已经深刻地启示了教育，它告诉世界，教育应当并且可以呈现为什么样子——当思想不再贫困，当精神不再恐惧，它就会在时间的深处再度萌生。

偶然被贬到这个世间走一遭，总得反对点什么，赞美点什么，改变点什么，留下点什么。

我反对过了，赞美过了，改变过了，留下过了。我的礼赞与批判都已经完成，我已经在沙漠深处埋下了不死的种子，我可以就此挥手道别……

三

但，我最好的礼物还没有送出。它依然沉甸甸地压在我的心里，像深秋的荒凉里被遗忘了的一个金黄的香橼。

这个至今未送出的礼物就是深度语文，或者全人之美课程还没有机会实现的3.0版本，以“审辨式思维、研究性学习”为核心的课程。如果在赠送出全人之美课程之后，我不再对它拥有审判、解释的最高权限，那么我至少保留了在大文科上继续深化课程的一小块“自留地”（从小学高段开始，一直到高中的德育、语文、历史等）。

我的名师朋友们都曾以他们的精彩为语文教育做出了贡献，甚至可能是巨大的贡献。

但我的礼物完全不同，不是更好，不是最好，而是它不属于之前的那个时代，甚至也还不属于今天这个时代，它也许属于不知还要多久的未来，但它必然来自遥远的过去了的时代。

名师们让语文课越来越精致，越来越细腻，越来越扎实有效……

我想让文科课程超越时空进行争鸣，超越知识与文体重新理解语言文字迷人的伎俩，理解格物致知给人类带来的启蒙与自我欺骗……

二十年来我有不少同道中人，但他们不是我的弟子，他们只是偶然踏上我的道路，与我同行了一程。

而我想要把这份礼物更完整地留给世界。

四

当然不是为了谋生，所以，没有讲课费、入会费、束脩礼……

但这绝不是儿戏，这是创造性传承的游戏，我当然希望后来者远远地越过我的视野——因为你越过的不是我，而是我的时代——但是，如果我坚信我的道、我的路、我的真理，那么我就必须严格地信守一点什么，并且把它传承下去。

你可以犀利地批判一个国家、一种文化，但是你不可以对它无情，你必须同情，必须在认真聆听它的声音并且犹豫再三后才射出你批判的箭矢。

对于西方的伟大者也一样，因为无论如何，我们不仅是孔孟庄周的传人，也是苏格拉底、莎士比亚、安徒生们的传人。

轻慢的批评不会驳倒你批评的对象，只会呈现批评者的浅薄。万年之后，山依然在那里，你又在哪里?

然而，忠诚地背诵那些格言并不意味着你就是他们的传人，那只是传播者中最糟糕、最扭曲的笨人。

“为往圣继绝学”的唯一方式就是创造出自己的作品：解释学的，课堂实践的，生活行动的……

如果张载和王阳明他们都只是背诵者，儒学精神早就死绝了。今天传统的黯淡不是因为传统本身是黯淡的，而是今天缺乏让传统明亮起来的继承者、诠释者和创造者。

最好的批评永远是创造，最好的创造永远是传承。我不会跪在孔子和庄周面前，虽然我是那么爱他们，但我经常偷偷地、小声地嘲笑他们，就像嘲笑我自己——但我绝不会让他们听见。

爱孔子，爱庄周，爱苏格拉底，尊重佛陀和耶稣——这就算是我的一点点不正当的要求，避免天天内部吵架嘛。

而我们的道路是解释学的道路，并且，把现象学的“悬置现成理论、面向事物本身”，把实用主义的“理论只是工具，工具的优劣只能在实践中自我呈现”，和复杂性理论的“与一个伟大理论相对的不一定是谬误，而可能是另一种伟大的理论”这几点，当成解释学实践中的基本守则。

黑格尔的精神辩证法，尼采的用艺术的眼睛审判这个世界（当然还有用生命的眼光审视艺术），海德格尔的终有一死者的意义追问……这是我们重新诠释古典的基本工具、基本立场。对这个立场做了初步阐释的，是伽达默尔的《真理与方法》。

五

其实远远不止这些，但这些又没想象中的艰难和重要——重要的是姿态，而不要以为这些伟大的理论本身会直接告诉我们该怎样去理解、去表现、去行动。没这回事！

去有态度地行动：用生命的立场诠释文本，设计课程，与年轻的心灵对话。这才是最最重要的，别企图一开始就是全部做对的。

请记住，比正确与错误更重要的区别，是精彩与平庸的区别。我们所走的，不是由错误而正确的道路，而是从平淡中时时绽放出精彩的道路。错误嘛，那是必然的，不可避免的，甚至，它本身就是迷人的。告别精彩的错误，将会是我们最痛苦的抉择，但必须如此抉择——然而，别因此走回到平庸的正确啊！

如是，我点明了自身，以及我的道路。

我第一次吁告、恳求有人能发愿与我同行。

但是，这将是一份严格的契约，就像剃度为僧，或者孙猴子从五指山下被放出来，发誓追随、陪伴唐僧去西天取经。

你需要在月光宝盒里来来回回，识破了权力、爱情、名声的虚枉之后，才能够决定是否走上这条道路。直到道路的尽头，你头上的枷锁（紧箍咒）自动脱落。

就这样吧，希望你在深度语文的朋友圈里认清我的道路，希望我在深度语文的朋友圈里认出你真诚的身影。

不要急，五百年内，我不担心你怎么还不过来要求我为你剃度，要求我亲手为你戴上暂时交出你自由的紧箍咒。

全人教育论

全人教育，最容易被误解为全面教育、全面发展。全人教育当然含有全面发展的意思，但各种技能叠加、无限使用加法最终达不到全人教育所企望的境界。全人教育中的全面，强调的是人类文化成果中所有最重大的领域，作为继承者不应该完全错失，而应该有所领略与熏习，能够帮它们继续发展下去。因为这些领域乃是人的展开，是人的实现。

一株月季花的“展开”与“实现”，所有人都能够理解，它是花朵自身的基因所决定的，对具体的一株植物来说没法改变。但人的展开与实现是完全不同的两回事，这就是人被称为自由而不只是自然的原因。人的自由，乃是说人被塑造成什么样子，不完全是由基因决定的，而是语言、传统、环境和他自己共同完成的。

自我实现；尽最大可能实现自己，实现自己的最大可能性；不浪费生命的最大财富，也就是可能性——这，才是全人教育的真谛。

人类已经展开了自身怎样的可能性？不同的哲学、不同的文化对此有不同的理解。一个十全十美、普世认同的答案是从不存在、未来也不可能存在的。我们面对的不是一个客观事实，而是一个有待解释的神话。

但是，人类如此不同的同时又如此相似，在有着完全不同的道德观、审美观的同时，几乎所有的文明社会都能接受：欲整理人类文明的疆域，不妨用“真、善、美”这三字加以区分和统整。

“真”，人类用它处理客观世界，发现其规律，利用规律去把握、重建周遭的世界——人的身体，可以视为人类需要依赖和掌控的最小客体世界。筷子、钳子、镊子、刀剑、子弹、挖掘机等，都可以理解为是手指这个器官的延伸，就像衣服、房子、城墙可以理解为是皮肤的延伸，而人类目光与思想的延伸，则囊括了整个宇宙。

“善”，人类用它处理同类相处，制订各种规则，减少、避免同类相残相害，汇聚起超越个体相加的团体力量。而扩大的同类概念，不仅能超越部落、国家，甚至能超越物种，把原本的敌人、食物归为同类。

“美”，人类用它来表现自己和愉悦自己。为了愉悦自己，人类打扮了世界；为了表现自己，人类打扮着自己。当美和真结合时，美呈现出“平实”或“优美”的气质：靠近真时显现为平实，接近美时显现为优美。当美和善结合时，美呈现为“崇高”，或者它的反面形式“讽刺”。美不是客观世界的属性，而是人类天性与习性对天地万物是否合乎心意的判断，但这个心意不只是肤浅的个人意志，美可以打动的还有人尚沉睡着的巨大潜能：对崇高的追求，对真理的追寻，往往都肇始于被美所震撼。

“美”是所有因素的调和者，但“真”和“善”却始终处于紧张之中。“真”要求人们不带情感，不带主观意愿，绝对地服从客观规律——我们把依据“真”做出的判定称为“事实判断”。而“善”要求人们尊重人之为人的意愿、梦想、抉择——我们把依据“善”做出的判定称为“价值判断”。人们总是搞混这两类判断，“转基因”的争论源于价值判断，但争执的双方却始终认为它是一个事实判断。

本来，除了少数“自然法”，真和善应该各守边界：属于客观事物服从真的原则，属于人类事务服从善的原则；真是万物的法官，善是人类的法官。

裁判真善美的又是什么？不必再有更高的价值。哲学只是反思真善美在裁判万物时有没有遵守承诺，而宗教退场后对生命终极意义问题的答复，则由人在综合一切以后自己做出回答：是的，不无危险，但这就是自由的代价。

所以，如果不是领会美，仅仅习得一种乐器或者舞蹈，这还比不上鸟类进化出更亮丽的羽毛。而诸多的科学知识如果不能增进人类对世界的理解，它也远远比不上野兽的利牙和犄角。蚂蚁们的团结与人类社会的德行完全不同：人类不是盲目地服从，而是本着崇高的目的汇聚在一起，进而有无私者承诺甘愿为此而牺牲。

全人教育，不是增加羽毛、利爪和服从命令的教育，而是理解、抉择、担当的教育。

理解了浩瀚宇宙中人类的孤独，理解了漫长进化中人类的偶然，理解了生命与心灵的无限复杂、精微，理解了有限生命的无限意义，理解了所有的知识、技能、规则都是人类在宇宙中创造出来的神奇，并愿意在特定的历史中去创造尚未规定的未来，这才是教育的意义，也是全人教育的根本之所在。

寻找每个人的武功秘籍

一个人的一生大概至少需要两本书来奠基。

一本故事，决定一生最终成为怎样的人物，发生怎样的故事。童话比历史真实，真实在它就是我们隐秘的愿望。神话比历史真实，真实在它总是我们不可摆脱的命运。

是《灰姑娘》还是《海的女儿》？是《水浒传》还是《丑小鸭》？是《基度山伯爵》还是《鲁滨孙漂流记》？是《西游记》还是《红楼梦》？我们总是被深刻打动我们的故事塑造，努力去活成内心深处渴望的样子。或者，寻找白马王子；或者，去成为白马王子。一个人的童年和少年，没有这样一本阅读数十遍、刻骨铭心的著作，他的灵魂便只能从村子里的成功人物那里寻找导师和榜样。

另一本书则决定他的思维品质，他提问题、看问题的方式，他理解世界的图式。显然，这一定是一本哲学书，或者类似的理论书，譬如《国富论》或者《智慧书》。《论语》曾经是许多人的法定思想源泉，可惜真正真诚去汲取的人并不多，而且作为一本也许是最好的为人处世的道德哲学书籍，它解释世界的能力还是颇有局限。总有一种理论居于你思维的核心，也许是辩证法，也许是进化论，再也许就是因果报应、六道轮回。你总是对世界的某个部分更感兴趣，海洋或者天空，商业或者战争，教育或者种植……如果不是宿命，那一定是某本书引导着你看到了世界这一面的真相。

作为教师，哪本书成为你教育思想的奠基之作？杜威还是卢梭？孔子还是苏霍姆林斯基？或者，空空如也，最多是身边的某个榜样，比如一个体制中的成功者？作为一个语文老师，哪本书是你理解语文的根基？如果是课程论或者教学论，那会怎样？如果是美学文论的巨著，那又会怎样？如果是一本启蒙与解放的著作，那又会怎样？我们被书所塑造，见我们所能见。但没有这样的一本书，我们仅仅用肉眼，恐怕只能看到早餐和午餐。

一本书是宿命——理论上一本书是不够的，但宿命就是，我们只能一次被烙印。

一本书打底，然后不断丰富它，修缮它，直到它成为自己原创的书。这就是开放了。

想成为卓越的语文教师，每个人都需要一本属于自己的“武功秘籍”！

只有烙印进灵魂，镶嵌进生命的书籍，才是属于读者的。这样的阅读必须“刻骨铭心”，这是和写研究生论文查找资料所完全不同的。没有刻骨铭心，怎么能算是灵魂与精神的根本书籍？

我说的两本书，其实就是两次镶嵌和烙印：一是少年时候的神话之旅，二是青年时代的思想之旅。四十以后将不可能再发生——只能借旧有的资源嫁接。

《人间词话》《管锥编》《思维与语言》《美育书简》……每个人的缘分不同，许多杰作都有可能成为某人的秘诀，此乃缘分，甚至不可强求。

没有被一家思想深刻地烙印过，也就是没有思想，接触其他思想时也就脑中空空，难以索解。

一家不是终点，而是起点，但无论怎样发展，最终仍是这一家的发展。

而哪一本书能够相逢而成为自己一生的“武功秘籍”，这完全是缘分，强求不得——可以也应该多方强求，然后会在某个偶然，书籍和阅读者，彼此刻印，滴血认亲！

怀着创造的喜悦工作

平凡教师和好老师的区别是什么?

一天工作的疲惫，带给平凡教师以厌倦，平凡教师就是怀着厌倦努力工作的人。

一天工作的疲惫，带给好老师以深深的满足，好老师带着喜悦教书育人，他或她甚至无法区分生活和工作，因为它们是如此密切地交织在一起，有着完全一致的幸福。

平凡教师听命工作，教育大纲就是他或她工作的边境线；卓越教师将创造带入一切领域，仿佛教育这件事自从有了他或她的存在，从此将与众不同。

喜悦，可能来自对生活的感恩——这是草木和昆虫的喜悦，是一切生命的喜悦。就像草木感恩黎明的阳光，我们确实没有理由不赞美这个宇宙，尤其是自有生命以来的无尽奇迹。即使我们不幸生活在某个可诅咒的时代，也仍没有理由因此将自己的生活一并诅咒、抹黑、颓废。

喜悦，可能来自对孩子的喜爱——这是源自我们生命深处的母性或父性的喜悦。从事教育，本就是从事人世间最奇妙的事业，相信所有的人都会同意：我们面对的，确实是宇宙间最可宝贵的珍奇。哪怕仅仅是因为基因的安排，孩子的笑脸仍然胜过钻石、稻谷或者电子屏幕。

而最深的喜悦来自创造，来自生命在岁月里的不断拓展。不只是农民收获庄稼的喜悦，不只是工匠献出器具的喜悦，而是艺术家和科学家的喜悦：在创造中生命没有重复，它永远站在进化的最前沿，不断地加深宇宙的深度。

大自然本无所谓进化，在无方向的无尽演化中，我们把创造我们的这条轨迹称之为进化。

而人的世界一直在谋求进化，当一个农民或工匠谋求进化，她或他也就是真正的艺术家或科学家。当一个教师谋求进化，她或他就是参赞着天地之化育，接过了造化或上帝借她或他之手继续着的事业。

教育是塑造生命的事业，按部就班将复制按部就班，冒险将复制冒险，喜悦将复制喜悦……唯有创造不是复制也无法复制，它只能去启发、被追随、被超越。

怀着创造的喜悦工作，就是让生活和工作成为艺术，成为科学，成为不断结出新果的源泉。

孩子，你的每一步都很美

一年级的孩子总是最天真的，天真得总有很多有趣的故事。

那一天微雨，那个胖嘟嘟的小女孩撑着大大的伞，在学校门口遇见我，向我问好:“门警叔叔好！”旁边的同学赶紧各种指正:“他是老师！”“要说校长叔叔好！”“不对，他是总校长，最听校长的话……”

我一贯拙于识脸，但那个女孩明显“稚”于同学的神情，从此就刻写在我的心里。

第二天，我们又在同一个地方相遇了，她笑眯眯地又一派天真地问候:“校长叔叔好！”我知道她的心里其实并没有校长这个概念，就打趣她:“怎么才一天，你就把我降了级，不让我做门警叔叔，让我当校长叔叔了？”她不好意思地朝着我笑，不知道该怎么回答我。后来，我就会在难得的听课、小桥音乐会、食堂吃饭等能见到她的地方，对她略多一点观察。

我以为，一个特别“稚”的孩子，他或她有没有机会“上场”，会不会因为同学的“成熟”被比下去，而感到失落，甚至被同学和自己视为“差生”，这就是教育优劣的最直观表现。

怎么说呢，老师很好，孩子很好，更关键的是她的父母和姥姥、姥爷都很好！

孩子没有丧失一切机会，但是她依然“稚”，依然“拙”，站在明显比她成熟的同学身边，可能是挺可爱的，但肯定不是世俗意义上的出彩的。

其实，在语文、数学、英语这些学科上，情况也大致如此。心智的成熟是有快慢的，慢本来并不意味着就是差的，但至少在当下，她会暂时地落后一点点。

如果这个时候父母感到失落，感到不平，感到遗憾甚至恐慌！那么她胖乎乎的小腿迈出的每一步，就不再美妙，而被成人世界视为了“残疾”！

在孩子蹒跚学步时，他的每一步在父母心里都是美丽的。在孩子牙牙学语时，他的每一句在父母心里都是美妙的。但当他跑得没有其他孩子快，当他说得没有其他孩子流利，当他没有当上童话剧的主角……有相当一部分家长的心态便开始失衡了。于是，他还不稳健的脚步难看了，他被要求提前心智发展而学习的语文、数学成了他的罪状……

其实，无论快慢，无论类型（我指的是有些孩子天性内向，不善夺人眼球），如果我们一直欣赏他、鼓励他，一直陪伴他、帮助他，那么他走得或许慢一点，但会和所有人一样遥远。总有一些生命中最高的山峰他将抵达，和别人是否抵达、何时抵达无关。

每次，看到她依然稚拙而快乐自信的表情，我就在心里默默地感激她的老师，感激她的父母和其他家人。我知道，假如每一个生命能在整个小学阶段被如此善待，那么他或她的一生，必将快乐而且成功——不一定是超越别人的成功，而是因为自信、坚定，所以一定带来人生的成功，尤其是幸福。

没必要她的每一个学科老师都是天才，没必要她所用的设备都是世界一流，没必要……

我忽然想到，无论是晨山双语学校还是运城国际学校，都还只是脚步蹒跚、牙牙学语的稚嫩孩子，我能不能欣赏它们的每一步，能不能明白：即使它们跌倒几次，受点小伤，都是成长的必需，而且蕴含着成长的真义？

身为总校长，认真聆听各方意见甚至批评，是必要的程序和义务，但我能不能做到在聆听各方意见的同时，依然善待它们的稚拙，依然心怀欣喜，理解它们孩子般成长着的每一步？

丧失了欢喜，就是直接破坏了成长过程中的快乐，同样也是丢失了教育最有力的武器。

深度语文碎碎念

阅读的德行

尼采认为，一个好读者不仅需要有阅读的天性，还需要有阅读的德行。

尼采说，一个好读者是一个好奇勇迈的怪物，一个坚忍、颇有心计、谨慎的人，一个天生的冒险家和探索者。而现代人似乎遗忘了这种阅读的道德。

而尼采自己，则懂得缓慢的阅读：缓慢地、深入地、有保留地和小心地，带着各种敞开大门的隐秘思想，以灵敏的手指和眼睛阅读。

这就是尼采认为的语文学的艺术。

我也一直认为，领会与表现，是语文课程的二位一体的本质。深度语文之所以自称深度，就是想要回归到这样的一种存在：缓慢地领会这个世界——不是客观的世界，而是被人类语言和艺术塑造的世界；用自己的语言和行为，呈现这个世界本来的、可以的样子。

我这句话可以暂时不被理解，先曲解后批判也无妨，但它是一个指向，一个关于自我道路的指向。

这个指向和所有已经成名的名师无关。

也和所有已经成家的课程专家无关。

知音与陌人

深度语文是一个极失败的流派，因为那么多年过去了，它的同路人越来越少，而作为发起人，我的阅读者也越来越少。

一篇文章，总是暗含了它理想的读者，也暗含了它想拒斥的人群——我就姑且称之为“陌人”。

除了时代偶尔的垂青，大多数文章不可能取悦所有人，而且真正有价值的文章本应该抗拒许多人——也就是被许多人抗拒，因为这些文章挑战的是人们既有的价值观。

一篇否定人们原有的成功道路，指明新的成功道路的文章，是加强了这些读者的价值观，只有指明他们的成功乃是动物般蠕动的本能，这才是挑战了人们的价值观。

昆德拉说：“媚俗”一词指不惜一切代价想讨好，而且要讨最大多数人好的一种态度。为了讨好，就必须确定什么是大家都想听的，必须为固有观念服务。所谓“媚俗”，就是用美丽动人的语言表达固有观念的愚蠢。

深度语文的道路，是反媚俗的道路，这就注定了它还会继续寂寞，继续自闭，继续看不起绝大多数人的样子骄傲下去。

结构性把握

尼采说他的抱负是用十句话说出别人用一本书说（也没能说出）的意思，对此我微笑。

这当然也是我的愿望，进而，我希望自己能用一个命名来说出别人用一本书也没说出的东西。

这里有两层意思，一层是别人本不可能说出，因为他的存在没到那个点，他所说的一切都是在此之下的叽叽喳喳。另一层意思就是，如果我们能够清理出一个结构，那么别人说了半天也没说清的东西，一下子就能看得清楚了。

马斯洛无疑是此方面的绝对天才，无论是概念“高峰体验”“二度原创”，还是图表“需要层次”，以及“自我实现者的特征”，都达到了这种结构清晰性。

我在读很多学术著作的时候，往往读过导言，或者前两章就再无法继续读下去，因为我已经对作者所思之事完成了结构性把握。我读阿德勒《儿童的人格教育》只是一个例证，其实几乎所有书都是这样的，包括海德格尔的《存在与时间》，对我来说它也是一个虎头蛇尾的作品。也就是说，它后面是必要的完成，也是必要的重复，但真正想说的，在一开始就已经展现完毕了。只是为了读者的理解，它必须不断地重复，不断地变形。但在结构上，它始终是清晰的、恒定的。

能否对一个事物完成结构性把握，也就意味着是否完成了理解。

这个把握当然可能是错的，是幼稚的，但结构性把握是一种真诚阅读的努力。

当一个作品的每一处细节都得到了圆满的、前后一致的诠释，我们就可以说，这是真正的把握。

我解读《论语》《中庸》《春江花月夜》，都是结构性把握的努力，除了文本，对所有事物几乎同样可以用这样的方式进行“阅读”。

怎样做教师

深度语文不是“研究怎样教语文”的流派，而是“追问怎样做教师”的流派。更准确地说，是“追问做一个语文教师究竟意味着怎样生活”的流派。

追问做一个语文教师究竟意味着怎样生活，这当然与学习有关，但不是学生的学习，而是一个语文教师自身的学习：这不是前提，这是终结，是自始至终的核心问题。

而语文教师自身的学习，也不是反反复复讨论学习方法、学习技巧，制造糟糕透顶的诸如如何阅读之类的秘籍。

追问做一个语文教师究竟意味着怎样生活，这首先意味着如何打破你坚固的观念：你的信仰，你的安全，你用以轻而易举解释一切、评判一切的真理系统。

科学主义、学科专业，其实都是在制造一种假象，一种我们把握了这个事物，我们了解了这个事物，我们胸有成竹，一切不在话下……这当然是绝对的谎言。

民国以来的语文教育理论，都是用貌似严谨的方式在进行自我循环论证。事实上，它们什么也没澄清，因为它们从来就不曾深度地理解过。一个未曾得到理解的事物，怎么可能被可靠地把握着？

看看那些阅读理论吧，哪一种能够帮助我们去读懂《中庸》《庄子》或者《红楼梦》？看看那些写作理论吧，莫言、鲁迅、海子，哪一个是受到这些理论的哺育而学会了写作？

事实上，这样的阅读理论带着人们远离深度阅读，这样的写作理论带着人们远离本真的写作。

它们在制造平均的东西，在制造无法区分的语言和思想。

而深度语文，是要打破这种现代主义的轻浮，回到对语言和人性的敬畏、迷恋、好奇。

论述而不作

孔子的“述而不作”一直被许多人诟病，认为这是孔子没有原创思想，并进而导致后世没有思想的根本起因。

这真是子孙无能，却怪祖先基因不好的又一个笑话。

爱作、能作，当然看起来不错，但“述而不作”才是最困难、最重要的工作。述而不作，就是以诠释学的自觉，来创造性地整理过去的典籍，让它们在自己的时代熠熠生辉。

述，一般说它的本义是遵循。确实，它有遵循原意的意思，这是任何真诚的解释学所必须做到的。但是，它同样有重新演绎原意，使人明白的意思。如果说不同语言之间的翻译是一个技术活，那么同一种语言的翻译就是教育的本义，就是创造性阐释的本义。

“述”的意思，一直是明明白白的。欧阳修说：“醉能同其乐，醒能述以文者，太守也。”范仲淹说：“此则岳阳楼之大观也，前人之述备矣。”在春秋战国时代就有“述职”这个名词，它们无一不是把事物讲明白、讲清楚的意思。

回到孔子的原话吧：“述而不作，信而好古，窃比于我老彭。”

老彭是谁，已经是个说不清的历史悬案。但前面八个字的意思却清清楚楚、明明白白。

但要字面翻译一下，恐怕孔子的意思就会在翻译中溜走，除非有一个创造性的“述”，我们才能真正明白孔子可能在说什么。

我还真知道有那么一段文字，作者不是要替孔子辩护，却无意间站在了孔子的同一立场。

钱穆在《国史大纲》的序言里说：“当信任何一国之国民，尤其是自称知识在水平线以上之国民，对其本国已往历史，应该略有所知。所谓对其本国已往历史略有所知者，尤必附随一种对其本国已往历史之温情与敬意。所谓对其本国已往历史有一种温情与敬意者，至少不会对其本国历史抱一种偏激的虚无主义，亦至少不会感到现在我们是站在已往历史最高之顶点，而将我们当身种种罪恶与弱点，一切诿卸于古人。”

我以为，这就是对孔子“信而好古，述而不作”八个字最好的诠释。

信而好古，述而不作。其本质就是发掘历史中有丰富意蕴的思想、语言、故事，通过创造性阐释，使得使用这些语言的人们能够借此跃升到一个更高的精神世界。

这是一种热爱，一份信任，也是一种智慧。

如君子，本义不过是君王之后裔，也就是贵族。但通过创造性诠释，通过何为贵族精神的追问，从此君子就成了一个与血统无关的道德词语。

尧舜禹的禅让或许是一种美好的想象，但是通过对其合法性的反复论证，以及肯定和赞美，一种有德行的政治从此就取代了野蛮的政权交替。对，它只是幌子（帷幔，乃至旗帜），但正是这些幌子、帷幔、旗帜，才使得中国历史至少不完全是残暴的杀伐。语言、思想都是有力量的，虽然不一定能够对抗刀枪。

所以《礼记 · 中庸》说："仲尼祖述尧舜，宪章文武。"意思就是说，孔子通过对尧舜禹，以及周文王、周武王，既忠诚地继承，又创造地阐释，从此开创了有德行的政治学，深刻地影响了之后的政治、历史，从而完成了他"赞天地之化育"的辉煌业绩。

子思的《中庸》，没有简单复述孔子的"仁"，而是提出了"天命之性"和"自诚之明"；而孟子，则提出了基于社会公正的"义"……所有这一切，都是生生不息的"述"的道路。可惜儒家独尊之后，创造性诠释的道路反而成为禁忌，即使有张载、朱熹、陆九渊、王阳明等人的偶然溢出，至少这条"述而不作"的道路是中断了，只剩下了机械重复、刻意照搬的教条主义。这彻底违反了孔子"述"的精神。

述，或者说诠释，本质就是去蔽。不仅仅是去掉已有文本的历史遮蔽，更是去掉共同存在者的语言遮蔽。

深度语文，继承的正是"信而思古、述而有作"的这一传统。

孔子与庄周

庄周是永远年轻的，因为他是那样悲伤，那样虚无，那样在虚无面前放声歌唱。

孔子是永远年迈的，因为他掩盖了虚无，他压抑了悲伤，他真诚地想告诉人类这个世界是有意义的，是值得好好努力的。

庄周是酒，孔子是茶。虽然庄周喝不起酒，孔子可能一辈子没有喝过茶。

要有多大的悲哀才能写出《逍遥游》和《齐物论》？就像要有多大的悲哀才能写出《面朝大海，春暖花开》？

要对人类和世界有多大的信心，才能说出“己所不欲，勿施于人”？

有人说，这些和语文无关。语文只是注释，只是训诂，只是把古人的语言，翻译为白话。

白话？这真是一个可笑的词语。无论是古文还是现代文，雅致的语言永远翻译不成白话，深刻的语言也一样。

语言，乃是指明存在，指明存在之思，以及在此同时指明万物的一番努力：指出这是柳树，这是离别，这是悲伤，这是孤独，这是你再不来我就要永久地枯萎了……

无论孔子还是庄周，他们思想的根源都是面对一个共同的难题：此生必死、有限、脆弱、无常。

孔子用祖祖先先、子子孙孙的绵延不绝、继往开来解决（掩盖）了这个问题，于是他乐观起来，觉得活着还有意义，还有价值。

庄周拒绝承认子孙、弟子或者任何一个他人可以替代自己的死亡，他认定自己的死亡是独一无二的事件。他想在死亡之前解决这个问题，但是最终他并没有成功，他的《逍遥游》《齐物论》里有深深的悲哀。

如果我们的语文不涉及这些问题，不看到这些问题，我们能够通过注释、翻译、修辞分析，来理解那些伟大的典籍，并且从中获益吗？

是的，《散步》之类的文章看似可以，而且那里有更可靠的关于死亡的解答，令人满意，每一个字都是甜甜的安慰，让我们可以不再害怕，不再沉思。

就像医院和殡仪馆，让平常的我们不再看到疾病，不再看到死亡。我们活得健康、快乐、安全、可靠，所有的过度担忧都是有病的，至于虚无、消极，那更只是少数人久治不愈的病毒。

没有养老保险和医疗保险的孔丘与庄周，才能道出那么深刻的天人奥秘。

回到事物本身

没有理论，我们就缺乏理解事物的工具。

有了理论，我们就用理论扭曲事物本身。

我们用科学的观点抹去了月亮的浪漫与诗意，我们也用艺术的视角扭曲了历史的真相：现在说起清朝，99% 的人想到的是漂亮的格格、潇洒的皇阿玛，而不是屠城、剃头令、文字狱、闭关锁国……

现代主义的本质是相信能够用科学理论解释一切问题。虽然科学很谦虚地认为自己暂时还解决不了绝大多数问题，但是人们以为这只是时间问题：最终，无论哪个领域，人类都可以用科学理论来解释；无论什么难题，人类都可以用科学理论来解决……

当非常“严谨”的方舟子试图用科学去解释宗教和艺术的时候，产生的不仅仅是笑话，而且还是令人悲伤的破坏。

人类的野心决定了人们喜欢用一个方案解释所有问题，所以有了“大道”“终极真理”“大统一理论”……

课程论专家、教学论专家都站在各自的角度，提出对教育问题、语文问题的终极解决方案。我相信这里的努力大多数是真诚的，而且在非常有限的角度里，它们确实因为来自提出者的经验，而拥有一定的解释力。

但是，如果你只有一把锤子，那么你把握事物的方式只能是用锤子锤击：如果你不是尼采，我劝你还是别用一把锤子四处乱砸。

那么我们如何更好地去理解万物？

现象学派虽然没有找到答案，但他们的姿态无疑是正确的：悬置理论，回到事物本身！

回到事物本身！这当然只能是一种竭尽全力的努力，一种真诚的姿态，而不可能彻底地实现。因为如果没有我们的“看”，事物将无法向我们显现。

这就是王阳明所说的“尔未看此花时，此花与尔心同归于寂。尔来看此花时，则此花颜色，一时明白起来。便知此花，不在尔的心外”。

而我们的眼受制于我们的心，我们的心里充塞了各种理论、各种观念、各种偏见……我们不可能像婴儿那样去看，因为婴儿事实上并不比我们更会看，或者更少受到其他因素的影响。

所以，悬置、搁置已有的观念，乃是一种必要的自觉。就像读一首诗，先不要去读解读，而只是反反复复地大声吟哦，用心感受——这可能是浅的，是错的，但是这是必要的起点。

在此基础上，我们才可以慢慢释放我们已有的理论、已有的观念，让它们在内心构成互文，构成相互编织的意义之锦缎。

这时候，事物本身至少参与了理解，我们的头脑也没有成为别人观念的跑马场。

一天上好两节课的日子真幸福

少年时吃肉喝酒，中年后吃菜喝茶，这是生命不同阶段的幸福。

但一个人最深的幸福，应该和他最终的志趣有关。所以今天早上我问自己，过去岁月里哪一段日子最让我感到幸福，我自己也想不到，答案竟然是“一天上好两节课的日子最幸福”。

我有过许多高峰体验：连续啃读数十天经典后的某个深夜，忽然对宇宙万物有了全新的觉悟；在重重压力下，上出一堂超越了自己历史高度的课；上千人的会场，用绍兴腔普通话，把全场带到另一个世界……

但幸福不同于高峰体验，幸福要温和得多，却可以通过规划可靠地获取。高峰体验总是和灵感有关，它需要努力，需要投入，但努力和投入并不能确保这一神秘时刻的降临。艺术家们的痛苦，就是他们的职业成就高度依赖这种体验，但高峰体验和灵感却像是街上偶遇的美女，惊鸿一瞥，却难再遇。

人需要偶然的高峰体验，还需要稳定可靠的日常幸福，否则他的生命要么过于疯狂，要么过于平庸。

对我而言，一天上好两节课，给了我很朴素但也最坚定的存在意义，我知道我脚踏在大地上。

也许是基因，也许是童年，也许是疾病，对于生活和工作，我从来不是个安分的人，不愿意过平常日子，丧失了激情就仿佛丧失了全部。

但如果一味去追逐激情与灵感，事实上也就意味着把自己逼上那条看似卓越但很危险的道路。这样的矛盾曾几乎把我逼疯，我总觉得生活毫无价值，眼前的世界除了平庸就是平淡，一天天重复的日子，人们不过是延续着动物的本能，却自以为是自己在选择和决定命运。

似乎我想彻底地超越肉身，寻找生命的真谛；想超越日常生活，虚构一个彼岸的王国。

所以在外人看来的平淡日子里，其实我承受着内心的煎熬：一边是对平淡生活的不满与诅咒，一边是对任何虚伪价值的反抗，从而试图从虚无中自己闯出一条有意义的人生道路。

就这样，直到某一年，突然在日常的工作中，也就是在普通教室里上课的过程中，我感受到一种成就，一种快乐，甚至，就像是一种可以规划的幸福。

它是一种劳作，事先需要用力地开垦土地，细致地耙土，认真地播种……然后和阳光、雨水一道，和更年轻的生命一道，感受枝丫的拔节、花的开放和青涩果实的凝结。

当然它也有可能挫败，并殃及一整天的幸福，甚至如台风降临，惶惶不安。痛苦总是幸福的伴生者，但这恰恰就是生活意义之所在，没有痛苦的幸福是无法想象的，它甚至就是虚无和虚构。

但是生命就此安定下来，每一个日子都成了可以期待的。

再然后，阅读经典时获得的本来虚无缥缈的概念、名词，现在就成了活泼泼的。所有最高级的词语，本就源于生活，并可以和日常生活对峙、对抗、和解、共鸣。日子不再割裂，存在不再虚无，但是，生活并非成为安宁、恬淡的流水，而是需要每天坚持着水往高处流，需要蝴蝶逆风飞翔。

是的，每天上好两节课真的很不容易，它需要我真的用一辈子去备课。

就像诗人，每天寻找着诗意，琢磨着词语，然后突然有一天才能“妙手偶得之”，而我则是可能用几十分钟、一两小时备出一堂自己觉得还算满意的课。

也只有做到既用一辈子备课，具体到某节课又只需要一两个小时备课，这样才能确保日常的教师生涯是能够获得创造的快乐和促进学生成长的幸福的。

长不大，没办法

前几天在医院，妻子替我挂号，大概是医生问到病人年纪，我听到妻子说“48”。我怔忡良久。第一刻的反应，仿佛是“哪个糟老头也来医院看病啊”。旋即意识到这个老头就是自己。

其实因为基因和偏爱用脑，我的头发早在十多年前就开始泛白，近来尤甚，说是老头，最贴切不过。

10年前，我上绘本课《爷爷一定有办法》，从此大家送我一个绰号和标签，称：干爷爷一定有办法。

再往前，我未满19岁从业教书，同事当面，学生背后，从一开始就称我“老干”——当然这个老干不是为了装老，而是为了逃避“某老师”这个千篇一律的称呼，和与之相伴的固定形象。

20岁前后，也就是在会稽山里教书的时候，我开始读诸子百家的原著，和西方的心理学、哲学书籍，试图在书籍里寻找短暂生命的意义。

找了几年没找到，就颓废下来，除了读些唐诗宋词为心灵找点暂时的慰藉，多半时间花在和同事打牌、搓麻将，玩最原始的电子游戏上。

那时对赚钱是没兴趣的，不是因为清高到看不起金钱，而是觉得既然一切皆空，方生方死，那么辛苦钻营、无限集聚又有什么意思？

后来悟到眼前所有就是一切，刹那即是永恒，便开始认真教书，并开始为学生而阅读——30岁后，才读到《彼得·潘》，读《小王子》那就更晚了。

就这样，一个数年前曾在雕版印的《庄子》中沉溺一年之久的人，居然为童话着迷了——当然，庄周的《逍遥游》，本就是最伟大的童话。

我发现自己依然停留在“童年”，喜欢用自己的心思，构建起完整的梦境——在自己的大脑里，更在现实的世界里。

世界无法让儿童变得现实——如果现实了，儿童就长大了，变成了成人，再也不能拥有自己的永无岛。

我一直在现实的世界编织自己的永无岛。我一直邀请更多的人走入我的梦境，分享我的梦幻之力。于是一个梦境就成了更多人的“大梦”，许多人在一起的“永无岛”。

会稽山时候的“新雨教室”；新教育时期的“毛虫与蝴蝶”、“晨诵·午读·暮省”，扬州宝应时的“新教育小学”；“芦滩小学”的理想幻灭后，库布齐沙漠边上罕台小学的六年筑居栖息；南明教育和全人之美课程，从新教育的躯体中诞生……

这不是一个渴望成功的故事，这是一个渴望创造，渴望创造之喜、理解之乐的童话。童话的结局，并不是长大和老去，也不是成功，它也可以是：我决定，不老去。

长不大，没办法。

年岁增长，头发斑白，身体病弱，这些乃是自然之道，我无可奈何，也不想逆天——我少年时就是道家的爱好者、佛禅的练习者，知道贪恋肉身的长久依然是虚妄的执着，并不是道家和佛教的真谛。

但心的领域，这一自由之境，固然也受到饥渴、爱慕、恐惧、荣耀的影响，唯最后的选择，属于“自己”。

在最深的底里，你相信什么？你渴望什么？你爱慕什么？

我相信童话，而不是历史。我相信科学就是古老的炼金术。我相信梦的力量超过一切。于是，我就停留在毕业前的那一刻，永未长大。

我尊敬的导师是孔子，因为他只身一人，在平凡平淡的人生经历中，领悟到人的最高境界——我不喜欢外面有个神凭他的喜好任意主宰世界。

我景仰的同学是庄周，他的痛苦、他的挣扎、他的怀疑、他根深蒂固的虚无主义和在此基础上的杰出领会，弥补了孔子仁学过于方正的遗憾。孟轲啊，王阳明啊，岁月里留下伟大声音的无数先哲，多多少少，都是不同的解释，不同的补充，不同可能性的展开。

但遗憾的是，我的镜像只是童话里的彼得·潘，一个没心没肺、长不大的孩子。但陶潜啊，李白啊，王子猷啊，徐渭啊，顾城和海子啊，他们是不是深深浅浅的，也一样患有“天真病”？

我是知道了很多，但那仅仅是因为曾经有太多好奇——就像我曾经吃了很多，仅仅因为不断地饿了，馋了。现在我依然充满好奇。

伟大的梦想也是有的，成功的渴望并不缺少，掌声、鲜花和奖励，很希望一个都不少。但是如果没意思呢?

没意思是什么？没意思就是虽然很好，但心里没有快乐。举个例子：虽然 100 分，虽然第一名，但是没意思——因为这是大人设计的游戏和赌局，还迫使我们参加，而且大人说的理由和意义，我不感兴趣，也不相信。

我可能是错的，但说服自己之前，我只能相信自己的真诚。

可能长大了更好，更快乐，甚至，有比快乐还快乐的境界。所以我一直在尝试长大，一直在扮演大人，甚至“像个大师”“像个领导”。幸亏，永无岛或者花果山，是随时可以回去歇歇自己的灵魂的。

灵山的梦是应该有的——也只有相信灵山的人，才相信永无岛。

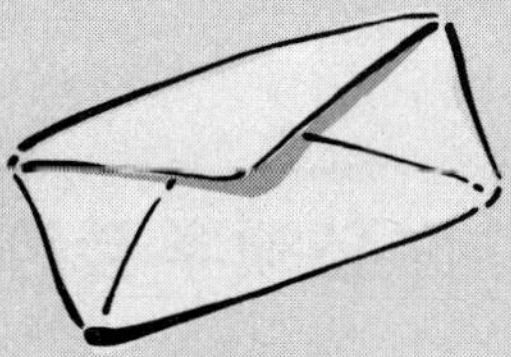

第二辑

为了爱你

孩子，你必须学会等待

一

新生的婴孩不会言说，他只会用哇哇大哭来表达自己的不适：尿便、饥饿、寒冷或者燥热……

他的哭声是一种信号，新任父母们会细心地寻找（有时需要足够的想象力来推测）孩子痛苦的根源，及时地将之根除。

于是，孩子平静下来，甚至，他还露出了一个浅浅的微笑——对照看他的人来说，这真是一个莫大的奖赏啊。

可是就在这时候，孩子开始以他特有的狡猾渐渐弄明白，该如何用小小的“伎俩”来获取自己想要的一切：乳汁、巧克力、奢侈的礼物、大人的陪伴……啼哭，这原本只是消极缓解不适的天赋，现在转换为积极的为了满足欲望的手段。

孩子无法分辨，自己的哪些欲望是合理的，哪些欲望是不合理的。这并不是他的错，“道德”对他而言，还是一个太遥远的东西。这只能通过父母（和其他照看孩子的人）用满足与拒绝的方式来让他在不断的尝试中渐渐地明白：有些事，我没有理由提出要求；有些欲望，只能让它深埋于内心；并非自己的每一个要求，都是可以获得满足的，有时候，它可能还会带来惩罚。

这是一次漫长的、反复的博弈游戏，游戏的双方——父母和孩子——就像坐在跷跷板的两端，它们是一对矛盾，同时也是相互配合的舞伴。然而，决定“跷跷板游戏”成败的关键在于父母。父母们要懂得：有时候，需要让自己蹦到高处，而让孩子停留在地面；有时候，需要有意识地帮助孩子获得“胜利”——直到他也深谙其中的奥秘，既懂得索要，也懂得放弃。

如果父母过于苛刻，孩子将不敢大胆地提出合理的需求。并且他以后还会将这个经验迁移到其他的一切领域：他不敢提出自己的观点，不敢提出自己的要求，不敢满足自己的内心欲望——安全的、获得小小成功的、爱并且被爱护的、自我实现的……

如果父母过于纵容，孩子将因此而贪得无厌。开始的时候，他会用无止息的哭声索要任何他想要的东西；然后，是将这一经验转移到任何领域中。他极端地以自我为中心，除了自己的欲望，他无视父母的承受力、他人的感受和别人同样重要的欲望。而且，被眼前的欲望所蒙蔽，他认识不到究竟什么对自己的成长真正有益，而有些眼前可以达到快感的欲望从长远来说则可能是非常有害的。他不明白这一切，他只是哇哇大哭，直到某一天发现父母无法实现自己永无餍足的欲望，然后，就开始抱怨命运对他的冷酷与偏见——为什么不让自己生在一个皇室家族或者亿万富翁的家庭中呢?

因此，智慧的教育必须在确保孩子最基本的生存需要获得满足的同时，设法让孩子产生更高级的需要动机（譬如从安全到爱，从爱到自我实现）。同时还要让他明白：一个人必须学会克制自己的欲望；即使是一个美好的愿望，也需要用心来等待。

而作为教育者（父母或者教师）自己更要清楚：期待是一种品质，它本身比期待之物更重要。

二

这两年来我客居成都。冬天，寓居之所没有安装空调，就经常整天地待在温暖宁静的咖啡馆里阅读、写作。女儿放寒假回家比同在一个学校教书的她妈妈早（她们平时只在周末回家），就只能每天随我到咖啡馆去。虽然她在咖啡馆也能用我的笔记本电脑画画，或者做点作业，读点书，但枯坐四五个小时对一个七岁的孩子来说总不是舒服的事，于是她一次次地跑到旁边的一个玩具店，看她相中的一个芭比娃娃。

她很想要这个娃娃，但不敢说出口。因为除了偶尔路过玩具摊买个小熊什么的，我们已经很久没有为她买过高价的玩具了。我们告诉她，她快过了那个以玩具为伴的年龄了；而且，当一件物品价格比较高的时候，就必须考虑一下它是不是真的是自己所必需的。

但是，我同时也是一个算得上“宠”女儿的父亲，对于她持久的愿望，如果可以承受，我总会想办法帮她实现——因为我知道，实现持久愿望的过程真的是人生中最美好的体验。另外，快过年了，我还是一个重视节日的人，无论是西方的节日还是传统的中国节日，我都视为人类文化的传承仪式，虽然不喜欢借此热闹喧嚣，但总会象征性地用礼物等方式表示一下。也许买个芭比娃娃，就是这个春节唯一的象征了。很久以后，女儿对这个春节的记忆，将与对这个芭比娃娃的记忆联系在一起：没有这个玩具，没有这份期待，岁月可能会像一条过于平直的河流，静静地流过，你无法认出它在某一段上的特有风景。

于是我告诉她：她在新年可以选择一样礼物，包括芭比娃娃。但是，这只是新年礼物，在过年之前，我们不能买它；即使在新年前一两天购买了，也不能在春节的黎明来到前打开它。

于是，女儿如云就开始一次次地计算过年的日子，一次次地从咖啡馆里跑出去，看那个她相中的芭比娃娃。有时候她一出去就是近半个小时，她还不敢跑远，只是我无法想象，她就是在那个芭比娃娃面前吗？她究竟在想些什么？她会对“自己的娃娃”说些什么？

这是一种微妙的心理，它让人的心变得柔软，有时会有些微微的疼痛。就像掐自己的皮肤，我们因此知道自己不是在梦中，知道自己实实在在地生活于真实的世界中一样，正是这种柔软和疼痛，让我们知道自己的心还有柔软，还会疼痛。

这样的心情，让人深深地体味到杜甫诗句“可怜小儿女，未解忆长安”中蕴藉的那种深切和委婉的父亲之心。也正是这种心情，常常使我在许多事情上比妻子更“纵容”如云，我成了她受伤时的最后堡垒，有些不能与妈妈说的委屈，以及从妈妈那儿产生的委屈，就只好寄存到我这儿来——虽然她总会忘了拿回去，只能由我替她收藏着这些琐碎的童年记忆。

然而这一次，我已经与妻子商量好了，必须将买芭比娃娃的时间尽可能地后移，而且只准许在春节的那一天，打开这个芭比娃娃的礼盒包装。因为这是一次难得的契机，通过它，我们将让女儿练习期待，练习忍耐，练习习俗和约定。

而且，等待本身将使这个娃娃增值。在期盼里，这个娃娃将成为活生生的“朋友”，而不只是一个塑料加布块的玩意儿。一个随时可以得到的礼物是没有价值的，它也许有一个昂贵的价格，但它没有多少精神上的价值。它只是礼品，不是礼物；只是玩具，没有生命。期待将赋予芭比娃娃以生命，以意义，以价值，和可以镌刻于童年之上的记忆。

从如云看中芭比娃娃到将芭比娃娃的大礼盒捧在手中，过了一个多星期；而从捧到礼盒再到能够撕开包装纸为芭比娃娃穿上各式各样的新衣，她还需要再过两天。

在这里，还有一个小小的插曲值得说一说。妻子在批发市场发现了同样的芭比娃娃，自然，那里价格要低得多，于是她就选择了在那里购买。我们一家将一个大大的礼盒捧回了家。回来后，我偷偷告诉妻子，其实我并不赞同为了便宜几十块钱在批发市场买这个娃娃。因为，玩具店的那个娃娃，女儿已经与它说了许许多多的话，那已经不再是一个玩具娃娃，那是一份记忆，那是一个伙伴，是不能用任何的另外一个娃娃（哪怕是从同一个机器里制造出来的）代替的。但是，我也担心除夕和春节的两天里咖啡馆旁的玩具店是否还会营业，而且女儿由于急切地想要芭比娃娃，也不会真正地意识到这些，所以也就同意了。只是，我们要明白，许多东西是不能替代的，并不只是“母亲只有一个”，所有的亲人、朋友、伙伴，甚至玩具，也都是不可替代的，是我们精神与灵魂的血和肉。

狗年春节的早上，如云终于可以拆开那个芭比娃娃了。

前一天晚上，她和妈妈一块看《大长今》的 DVD 一直过了半夜。平时我是不允许女儿睡得太迟的，但是，除夕本就有守夜的习俗，而且我知道，当时针指到 12 点的时候，也许爆竹会将整个天空照亮，将整个城市“轰炸”。所以，就允许她一直看下去，直到爆竹声的热潮稍稍减退。等她睡下时，其实已经是新年了，在零零落落的爆竹声中，倚着旁边礼盒中的芭比娃娃，心中带着“长今”的故事，女儿入睡了。这时候，她还有一个甜蜜的梦，明天，明天醒来的时候，会有一个美丽的公主似的娃娃，和她一起开始新的一年。

从早上我听到她起来，窸窸窣窣地拆开礼盒到我起来坐到电脑前，已经许多个小时过去了，她仍然在给芭比娃娃反反复复地试衣服，讲各式各样的故事。

像所有的玩具一样，最终，芭比娃娃所蕴含的新奇会消失。其实，是女儿赋予了玩具娃娃以生命，而不是玩具娃娃给了女儿新的东西。在接下来的几天里，我听到了许许多多的零碎的故事：有公主，有老师，有店员，有咖啡馆的女侍，有永无岛的强盗……几套衣服反反复复地穿在芭比娃娃的身上，芭比娃娃换着各式各样的名字，见到了形形色色的人物。直到它和其他的玩具一样，成为一个普通的伙伴。一个稀客，一个新转来的同学，在若干时间过去后，它已经成为同桌，有着共享的记忆，但不再像开始时那样刻刻难忘，不再成为话题的唯一中心。

作为父亲，我总想着办法让女儿珍惜这些玩具，就像珍惜她自己的伙伴和记忆。在芭比娃娃不再成为女儿的重要人物之后，有一次她与我怄气，将芭比娃娃作为“手段”摔在面前。结果自然是被我狠狠地训了一顿。我要她明白，这不只是玩具，这还是她的童年，她的记忆，她曾经的悲伤、期待与欢喜。

现在，新的学期已经开始。芭比娃娃已经和其他的玩具一道，静静地躺在小主人只在周末回来的房间里。这是一个曾经多么美好的记忆，即使以后它破碎了，消失了，它也已经化为真正有魂的东西，融化在一个孩子的血液里。

还会有美好的东西前来，还会有美好的诱惑存在。那些唾手可得的礼物，那些被轻易满足的愿望，譬如说一个孩子最初的爱恋，都可能在过于轻易、过于草率、过于廉价的过程中，破坏了它本来蕴含的完美。

孩子，你必须学会等待。等待每一份生命许诺给你的礼物，但要在等待中经历也许看起来很漫长的岁月。直到一个季节过去，下一个季节来临。就像在樱花飘零的美丽和感伤中，期待满池新荷的出现，然后是一枝枝红莲，在夏季的阳光下鲜艳地绽放。

2005 年于成都

“爸爸，我忘了你的模样”

“爸爸，我忘了你的模样，我记不得你长什么样子了……”电话里，7 岁的女儿忧伤地对我说。

这是新年开学后的第一周。这一周很长，加上读小学二年级的女儿随妈妈（一位教师）提前到私立学校报到，算来离开我已经一个多星期了。而在整个寒假里，她天天跟着我，每天晚上她睡下时，总是我最后一个去她的小房间里吻她，说晚安，并在她睡着后，替她熄了台灯。女儿不习惯一个人睡，怕黑，总要求我多陪她一会儿，要求将两个房间的门都打开着，这样，我坐在床上看书时的灯光，就会照着她安然地入梦。

我睡得很迟，一般睡着的时候，总要在凌晨两三点左右。她梦中的磨牙、呓语、笑声和偶尔的惊呼，就成为我静夜长读时的插曲。

在我们家里，女儿的作业和生活，全是她母亲负责的，只有她稚嫩的心灵，才主要交给我保护——我是她最后的避风港。

女儿给我电话的那一天，我正病着，病得不轻。听着女儿天真的话，我在电话里笑，脸上却已经有了久违的泪痕。只是我当时没有意识到，“爸爸，我忘了你的模样”是一句更重要的暗语，它还有着更多重要的信息。

每个周末，如云会随着她母亲回来。一家人总是会到上岛咖啡馆去，在那儿静静地看看书。因为女儿还小，不习惯太长久的静坐，所以就允许她不时到旁边的玩具店去看看奥特曼的录像，以及玩具，或者，由她妈妈带着，到超市的文具店和书店里去活动一下。

从文具店里回来，妻子偷偷地告诉我一件事：女儿将文具店里的几个小玩意儿塞进了自己的口袋里！被妈妈发现后，还一定要妈妈答应不将此事告诉爸爸。

这件事确实令我非常震惊，因为女儿一直不是一个贪婪的人。以前，让她在几种礼物前随意挑选时，她总是非常“节约”地为自己挑选一个，而且还要问是不是太贵——她从不会提出奢侈的要求。

班干部——病因

事情发生之后，我没有急着做出“判决”。在接下来的几天里，利用几次上商店的机会，慢慢地告诉她，什么事可以做，什么事是绝对不容许做的。我告诉了她我小时候的一次偷窃的经历——在极度饥饿的年代，偷割生产队的紫云英草充饥。我告诉她：即使为了生命偷窃，也并不是一件轻松的事，它会让你遗憾终生。

但怎么会发生这种事呢？这背后，一定有些什么是被我们所忽略了的。于是，我们夫妻两个对女儿进行了长久的观察与反思，渐渐地明白了这里面的原委。

自从上小学以来，女儿和同学的关系并不很好。造成这种孤立的原因是极为复杂的，其中有一点却是毫无疑问的：它也是教师将自己对一个孩子的印象投射到整个班级中所致。

当儿童在低年级时，每个教师都是绝对的权威（当孩子渐渐长大时，只有少数具备特殊人格的教师，才能够仍然成为孩子心目中的权威），孩子会以这个教师个人的喜好来作为判断别人与其他事物的标准。在一个班级里，一个教师表露出对一个孩子的喜爱或者不屑，将决定着这个孩子在其他孩子中的地位。

去年，我妻子向女儿的老师表达了女儿想争取当上中队委员。妻子回来向我描述这位老师的神态时，用了“惊讶”与“不屑”这些词语。

我理解这个教师的神态与反应。因为无从选择，如云没有读幼儿园大班与学前班就提前进了小学，而且进的是一所纪律严谨的私立学校。那一年里，无论是纪律还是成绩，如云都遭遇了严重的“困难”。我曾有两次偷偷地去探望她，非常不巧的是，两次她都被罚站着——只有她一个人。

关于她罚站的事，我没有找老师，也并不认为是这位教师做错了。只是，在女儿回家的时候，我给她下了许多“药”：不是要求她遵守纪律，而是告诉她，一个调皮的孩子，是一定会成为好孩子的。想想一年级的小孩吧，她不需要那些道理，她并非有意犯错，只是从开放的幼儿园带来的习惯，让她在这里屡屡碰壁。我只需要告诉她，这是上帝的安排，他让一个孩子调皮，是有着美好的意图的。

大概从一年级第二学期开始，女儿的成绩渐渐赶了上来。

这学期开学后，女儿告诉我，学校要进行班干部选举，她想竞选班长。因为前面那个阴影投射在我心里，而且我本人确实也对评比、竞选等教育策略有不同的意见，所以我就给她打预防针，告诉她重要的不是担任什么职务，而是你能够做什么，以及做出了什么。我拿出去年期末她在语文考试、美术考试以及拉丁舞考试三个方面居全班第一的成绩对她说，即使你什么职务也没有担任，你一样可以做到最好。但是，女儿坚持要参加竞选，我也就支持她自己去写竞选词。

果然不出所料，如云竞选班长没有成功；继续竞选班委，仍然失败。

而当第三天竞选小队长的时候，女儿退出了竞选——即便只是小学二年级，也仍然会有同学告诉她，以她的各项成绩，本不应该参加小队长的竞选的——毫无疑问，在孩子们小小的心中，中队长、小队长以及普通同学，有着我们教育者并不希望看到的社会等级。

然而在女儿的心目中，是无法看到同学的投票其实同时也是教师意愿的曲折的反映。她只是看到，每次公正的投票，自己的票数确实要比获胜的同学少！

于是，她就开始参与一种同学间的游戏——相互交换一些小玩意儿，以此来增进同学间的友谊。可是恰巧我和她妈妈是反对购买可有可无的小饰品的，于是如云手中的小玩意儿，和身处私立学校中的这些同学相比，就未免显得太没有吸引力了。

然后，就有了在文具店里的这一幕。而更重要的是，这一幕，是和她几次说“爸爸，我忘了你的模样”在同一时期发生的。

唯一的药——爱

我对此事的理解是：在她失去信心，失去尊严的那一刻，她开始遗忘“爸爸的模样”——她最后的避风港，她心灵的守护所，她无条件地获得信任的地方。

所以，即使我是如此小心翼翼，她妈妈是如此尽心尽职，女儿又在一所知名的私立学校里上学，但是，稚嫩的心灵总是不可避免地受到来自生活的打击。这种打击不是任何单纯的某一方面所致，而是生活本身在“制造罪恶”。但无论怎么说，我们——掌握着孩子成功感、失败感、信任感、孤独感的教育者（父母和老师），许多时候是难辞其咎的。

我并不想责怪那位教师，因为他只能让一个孩子当上班长而眼睁睁地看着其他孩子落选，但是，我仍然恐惧于一颗幼小的心灵在遭受挫折时所做的这种种挣扎。

那天下午，我坐在咖啡馆里，在电脑中打下几行字，原本是想写在《特别的女生萨哈拉》的扉页上，送给女儿的老师的，但终于只将它留给了自己：

作为一个父亲
如果他有最大的欣喜
那就是他的孩子在言行中表现出自尊

如果他有最大的恐惧
那就是他的孩子正在一天天地丧失这种自尊
我有一句话被广为传播
“相信种子，相信岁月”
而这粒种子仅仅比喻的是
一个人最深处的尊严
它在童年时总是那样脆弱
任何一阵风
都可能把它熄灭
留下一具精致的躯壳
任无常的命运拨弄

——一个开始面临恐惧的父亲：干国祥

生命？——经历！

从这个故事发生之后到现在，又过了几个月了。在这几个月中，女儿又有几次“忘了爸爸的模样”（如果你有足够的耐心与开放的心，你将阅读到我们自以为是无忧无虑的童年里，其实充满了艰辛与阴影），但在此同时，她也渐渐地获得了同学与老师的信任。

从那时起，我们允许她购买一些小物件，允许她拿自己的小东西与同学和伙伴做交换——虽然我依然反对建立于物质之上的友谊，反对孩子养成购买无用之物的习惯。

女儿在上个学期中，虽然数学老师对她很有信心，认为她学得很轻松，但没有一次获得数学满分，而这学期，她已经有了满分的记录。

在语文方面，女儿的阅读积累渐渐地转化为言语素养方面的优势，语文老师在公开的场合，给了她更多的表现机会。

女儿不再像以前那样喜爱（或者说依赖）绘画了。就我的理解而言，这是她开始在其他方面获得了自信的表现。我曾经在去年她屡屡获得各种绘画奖项时说过：当如云不再过度热爱绘画，也就是她找到了自信、找回了自己的时候——因为她可以不再依靠这根稻草来证明自己了。

但在这一切发生转机之前的那一天，当我在咖啡馆听妻子说起如云的“偷窃”行为，说起如云在老师和同学面前的孤立无援时，我的心里却充满了阴霾。

作为父亲，我总会想方设法来试图偷偷地改变这一切；而女儿则是个极其敏感的小精灵，她会对我所做的一切，做出她自己的特殊的回应。那天临睡前，我把法国作家雅克·萨洛美的著作《给心灵深处的信》交给如云，想让她背熟一首《孩子给老师的请求书》，去作为特殊“礼物”献给老师。不料她却读起了这本书中的另外一首诗《失去父亲》：

> 失去父亲，
> 就是失去了爸爸，
> 这是无法弥补的损失，
> 因为父亲死后，
> 我们将永远失去我们曾经拥有的爸爸，
> 因为他正好就是……父亲。
> ……

于是我问她：“如果爸爸死了怎么办？”

“我会哇哇大哭。”

“然后呢？”

“我会把你葬在最美的地方，就像埃及人做的木乃伊。”

“爸爸不想做木乃伊，也不想葬在最美的地方。如果爸爸死了，你们就把我烧成灰，将灰撒到野外的草地上。这样，我会变成草，开出花，然后枯萎，再变成泥，直到来年春天，再变成新的草、新的花。我将这样反反复复地变成草，变成花，变成泥，进入永恒的生命循环……你会来看我吗？”

……

这并非第一次女儿和我讨论起有关死亡的话题，自从她能够阅读《夏洛的网》以来，这个话题就经常变着模样被她提出来，要求我做出回应。于是我总会在合适的时机，展开有关生命与死亡的话题。

关于死亡，如我自己所认识到的，它是物质生命的轮回、精神生命的永恒。但是，孩子需要活生生的承诺，她需要在自己遭受某种恐惧与打击后，确信自己能够获得成功、信任、快乐、永恒。每当这时候，我就会带着她重温《夏洛的网》的那个结尾：永恒的生命在轮回；在上苍的光明中，死亡只是万物必然有着的阴影。

但每当这时候，我自己的心中却总会一再默念泰戈尔的一句诗：“神对人说：‘我医治你所以伤害你，爱你所以惩罚你。’”

那就让幸福的童年也留下一点痛吧。有时候，痛比笑更能让人体味生命的真义，正是痛苦，才让医治痛苦的过程拥有了生命的意义。

当如云长大后，当她再回首童年时，将会发现这一切痛楚比生活本身更神奇。

2005年于成都

你是谁

——写在干如云 11 岁生日

宝贝如云：

今天是你 11 岁的生日，你是如此懂事，在收到了一些别人的礼物之后，已经不再奢望任何爸爸妈妈要用钱去买来的礼物了。当然你知道，我们依然会有简单而郑重的庆祝，会有蛋糕和音乐，还有朋友。无论如何，你的生日是我们家的节日，而且因为这一天正好是农历中秋节，所以每年总会有太多的人顺带着为你祝福——放鞭炮的人是不会少的，举杯祝福的人，在这片大地上到处都有呢。

昨天你打开《苏菲的世界》看了一部分，你看到了那两个人生中很重要的哲学问题："我是谁？""世界从哪里来？"相比前一个问题，"世界从哪里来"显得并不太重要。虽然我们是在世界存在很久之后来到这里的，但是，对每个人，第一个问题才是真正重要的。

你是谁呢？你是干如云，还是陈瑞（我记得这是你小学二年级时给自己取的名字，还曾把它写在自己的小雨伞上）？或者"Angela"（你的第一个英文名）？或者你隔几天就要换一次的那些稀奇古怪的 QQ 名？

它们哪个是真正的你？

你知道，你不是一个名字，任何一个属于你的名字只是一个手指，向着别人指着你说："喏，我就是代表她！"

而你究竟是谁呢？苏菲是在快 15 岁的时候收到那封古怪的信的，如云现在只有 11 岁，考虑这些问题也许太早了。但是，当你 15 岁读懂《苏菲的世界》的时候，你会发现，昨天的阅读，今天老爸的这封信，已经成为你从昨天起，所有你生命中的一部分。

这本书和这封信不是你，但是，它们在你心里面，成为你记忆的一部分，成为你的一部分。

你是谁？嘿嘿，你就是那些不断地汇聚到你生命的事物啊，你就是所有发生在你身上的故事啊——无论你还能不能记得那些故事，它们都曾经发生过，让你害怕黑暗，喜欢画画与写作，让你一会儿喜欢数学一会儿又讨厌它……

你很小很小的时候，我们一家生活在车山岙（你至少还记得背后那连绵的青山吧）。我在家门前种了许多花，还种了西红柿等不怕虫的蔬菜。当西红柿在枝头完全红透的时候，带你的阿婆（前后有两个呢）会挑选一个，撕了皮塞到你的嘴里。自然成熟的西红柿甜甜的，还有一股阳光的暖暖味道。

那西红柿的颜色、味道和营养就进入你的身体，成为你的一部分，身体的一部分，记忆的一部分。还有你再也记不起的阿婆的歌谣和面容，但是你今天的安宁和从容里，一定有你宁静童年的影子啊，一定有阿婆的照顾啊，一定有西红柿好看的色泽和好闻的味道啊。

老爸是在打个比方，从一无所有地来到这个世界，长到今天，满 11 岁的你，一个会唱许多英文歌曲的你，一个能够开始做立体几何题的你，一个写起文章来能够洋洋数千字的你，一个可以把一页纸装饰得精致美丽的你，这里有多少故事发生过？你吸收过多少营养啊？

你一定不能全部记起——因为全部回忆一遍，你正好需要 11 年的时间。但是，它们事实上已经发生过，已经决定了此刻的你——决定了什么是你喜欢的，什么是你讨厌的，什么是你害怕的，什么是你渴望的，什么是你不屑的……

你是谁啊？你就是那个被爸爸妈妈带到世界上（你可没有同意过），被奶奶、外婆、阿婆们领着慢慢长大，在乡下和城市截然不同的幼儿园里生活过，在华德福幼儿园玩耍过，在城外附小和宝应实小学习过的你啊。你有没有想过，如果我们走的道路不同，你可能就不会是今天这个样子吧？哈哈，这个问题的答案，你自己去寻找吧。

而老爸（也包括老妈）今天特别要告诉你的是：你以前的故事，更多地取决于别人。而从现在开始——也许从一年多前就慢慢开始了吧——你以后的故事，更多地取决于你自己。

也就是说，“我是谁”这个问题的答案，可以这样来说：我是一个故事，是一个传奇（当然也有糟糕的故事，并不是所有的故事都一定是传奇）。在10岁之前，这个故事由爸爸妈妈和其他人为我书写，慢慢地我也为自己写了一些。而在10岁之后，我不仅是这个故事的唯一主角，而且还成为这个故事的主要作者。

这就是我们送给你的11岁的生日礼物：告诉你，你是自己故事的主角，是自己故事的作者；告诉你这个故事精彩不精彩，丰富不丰富，都是你慢慢地一天天地写出来的。

苏菲知道自己是这样写出来的吗？苏菲和你一样珍惜着每一个珍贵的日子吗？嘿嘿，这个故事的答案，也要以后慢慢读下去才能明白。

老爸的故事，写到了第四十个年头；老妈的故事，写到了第三十八个年头。并不是每一年都有着精彩，有着收获，但是当老爸明白自己是一个故事，故事由自己书写以来，就一直很认真地对待着自己，对待着每一空白的页（你知道这是一个比喻）。

我相信，如云明白自己是一个由自己书写的故事后，也一定会更加珍惜自己的。

你相信老爸所说的一切吗？

你瞧，老爸今天所写的这些文字，就是老爸故事里、老妈故事里和你故事里的一部分（我们每个人的故事，总和其他人的故事交叉着），它存在着，它让我们的故事有了这篇文字的记忆。

喝醉酒是一次书写，抱怨着度过一天是一种书写，愤愤不平地度过半天是一种书写，听着音乐宁静地思考是一种书写；学会一首好歌，写下一篇妙文，攻克一道难题，完成一次重任……都是一种书写。但如果你能够意识到你在写着故事，那么你会更加珍惜，更为郑重地对待每一天。

这是怎样的一天呢？

2009 年 10 月 3 日星期六，中秋节，如云生日。你窗台上的双色茉莉和米兰，都在盛开又凋零很久之后，再度地酝酿着花蕾，要赶在冬天来临之前，再怒放一次生命。大阳台上，吊兰、春兰、秋兰、绿萝、天竺葵、茉莉、夜丁香们，都在为遥远日子里的绽放，积蓄着力量。

早上，我们在露天阳台上，种下了两个百合球茎。这是你在菜市场为自己挑选的。我们种下的时候，发现其中有一个百合球茎已经长出了根。但是在整个冬天，它们就只能默默地在地下守候着，直到春天来临的时候，它们才能从土中一跃而出。然后，在阳光下穿越很长很长时间后，它们会如它的主人所愿的那样，带来一个惊奇吗？

过一会儿，我们还将和朋友们汇聚，在蛋糕的香气里，庆祝中秋，以及你的生日。而这一天在你的生命里究竟有多少意义，我们所能做的都是有限的，事实上，它真的取决于你。你可以让它有意义，或者没有价值，甚至令人厌倦……

而这样的一个个日子（这一个个日子还意味着一年），就接续成一个“我是谁”的答案。

老爸写得太多了，呵呵。我快忘记了，唯一的真正书写者，是你。

写完发在你的成长专帖之后，老妈想让你来接收这份礼物。结果发现你一个人沉浸在《简·爱》的世界里，就没让你停下来。一个人沉浸在伟大的事物中，直到那伟大的事物成为他的一部分——就像那西红柿成为你的一部分一样，这是多么美妙的事啊。

老爸执笔，老妈签名

2009 年 10 月 3 日

在大河的转折处

——写给12岁生日的如云

如云宝贝：

此刻，肯德基里一片喧哗，实在不是写点文字的地方，我怕我的文字里，也会掺杂进这份喧闹和躁动，或者掺杂进这些日子以来生活中很不浪漫的斑驳。

然而这肯德基毕竟是我们现在在东胜所能找到的仅有几个饮食熟悉且舒适的地方之一。七年前，我们刚刚到成都的时候，似乎情况也十分相似。那时候你们还吃不惯麻辣，一个劲地抱怨成都的饭菜，于是一家人大多数日子，只能到肯德基和德克士解决伙食。你们当时可不曾料到，三年后离开成都的时候，最怀念的，竟然是那份麻辣。同样地，现在我们中谁也不能预料，我们会在这里逗留多久，万一有一天我们要离开，这里会有哪些事物，值得我们深深地怀念。

其实我们已经发现了一些值得怀念的事物了。这儿是鄂尔多斯高原，高原上天空的明净，那深邃的湛蓝，以及云朵的皎洁，比我们到过的第一个城市，海滨的宁波还要迷人，灰蒙蒙的成都就更不能比了。我们曾经在阿坝州的高原上瞭望过这天空和云彩，但现在，我们天天在这湛蓝的天空下生活。只要愿意，大多数夜晚我们可以望见那清澈的星空中格外硕大的星辰，它们悬在我们的头顶，告诉我们平常生活以外的确有永恒之物存在着，甚至是一直俯视着我们。

哲学家康德说："有两样东西，愈是经常和持久地思考它们，对它们日久弥新和不断增长之魅力以及崇敬之情就愈加充实着心灵：我头顶的星空，和我心中的道德律。"

而爸爸和妈妈，以及相伴的这个叫新教育研究中心的团队，原不是为了头顶的星空，而是为了心中的道德律，或者说梦想而来到这片土地的。但现在，纵然会有某些珍贵的事物在迁徙中消失、毁坏，我仍可以对自己说：我已经在这星空下生存，我已经在这星空下站立。

前天章敬平叔叔来看望我们的时候，看到我们住处的寒酸和杂乱，看到你和依依孤独地在一个办公室里学习，他非常感慨，在痛饮几杯之后，坦陈了他的心声。我知道，他想表达的，原本是一份敬意，但我唯怕听在你的耳里，却成为一种贫寒、孤单的证据，甚至产生一种被遗弃、被遗忘的错觉。

昨天，原想带你去草原上走走，看看大地的辽阔，感受大风凛冽中的气概，不料脚下的泥泞，又一次让我们感受到"行路难"的滋味。呵呵，你刚刚读完《飘》，斯嘉丽的父亲，也曾带着斯嘉丽骑马走在家乡的草原，他们也是移民，并热爱上迁徙后的那一片他们放牧、耕种过的土地。

昨天我们没有走多远，也没能看到更多。但是，当我把你拍的那些花草的照片发到网上的时候，那些远方的老师们惊呼：真美！原来生命在任何环境下，都在努力地让自己积蓄能量，在严冬之前绽放。

是的，与其说是这些花草在极困难的条件下点缀了这片接近沙漠的草原，不如说这片接近沙漠的草原给了这些花草一个契机，让它们得以证明生命的意志和伟力。

万一因为什么原因我们要离开这片土地，或者说你长大之后要到远方去求学，你会比怀念故乡更深切地怀念这片土地的。因为你对故乡的记忆，只是连绵的青山和郁郁葱葱的树木竹林，而在这里，你将穿越你生命中最宝贵的青春时光。在完成了《吉檀迦利》之旅之后，你将继续穿越《爱因斯坦的圣经》，穿越《史记》，穿越《人间词话》，穿越英文版的《吉檀迦利》……然后，你将进入普通中学，和同龄的少男少女一道承受中国当前五味杂陈的教育，坚守自己的卓越，学会欣赏周围的优秀者，学会接受这世界的高尚与卑劣、优美与丑陋……

你的每一个生日都是独特的，今天也许是最为独特的。

任何时候，一个人都应该知道自己身在何处。此刻，我们栖身于黄河那个几字形的怀抱里——打开地图，你将看到中国文化的母亲河在中上游有一段向北的大曲折，形成一个汉字"几"字。在这个几字形内部的顶端，就是鄂尔多斯，我们就是在这片黄河怀抱着的土地上。

这片土地，轩辕氏黄帝的战车曾经驶过——从轩辕这个名字你可以知道，这位我们文化的英雄祖先（或者这个曾经领袖其他部落的伟大部落）是车辆的发明者。秦人、汉人、唐人来这里开垦过，匈奴人、蒙古人在此放牧过。它的名字，曾经叫西河、云中、鄂尔多斯、伊克昭盟……

现在，我们来到了这里，目前还只是这片土地的客人。但是爸爸、妈妈和我们的同事们，将在这里辛勤地筑造、劳作，然后以此为栖居之地，寄托我们酝酿已久的理想。

这个理想是如此沉重，也是如此重要，你知道有无数目光跟随着我们的身影已经聚焦到这片土地上——如果我们从一开始就不能承受这份光荣与艰辛，那么我们就早应该放弃，而如果我们愿意同时接受这份理想的光荣与艰辛，那么在这个时候，我们就不会因为任何可以承受的困难而轻言放弃或者退缩。

事实上，对爸爸来说，这是一片"肥沃"的土地。对爸爸来说，沃土就是理想得以萌芽、成长的地方，就是新教育得以扎根，得以让孩子们的灵魂舒展、精神焕发的地方。

我们播种与培植的，不是小麦和水稻，而是在人的灵魂和精神上播种伟大之物与美好之事。如果说在江苏的那些学校已经因种植了太多的植物、播撒了太多的化肥而无法再进行另一种美好耕耘的话，那么这里的困难，倒恰恰是理想得以成长的契机。

但也因为此，你妈妈和她的同事面对着常人无法想象的困难。

你妈妈是一个绝对认真、负责、优秀的老师，在任何时候，她能够坚持着把教室里的事当成生命中最重要的责任来履行。所以，你不必嫉妒她对那些孩子无微不至的关爱，因为相比而言，你已经知道生命的方向，知道生命的意义，知道每一天不能虚度，而且有那么多优秀的老师指导着你学习，而那些孩子却大都没有好的家庭教育，住在学校里尤其缺乏大人的关怀，所以，你妈妈对他们看上去更关注一些，这只不过说明你有一个优秀的妈妈，也说明我们对你现在处境的信任——在任何时候，如果你身体不好或者精神不佳，我们都会把这视为生命中最重要的事来对待；但你的良好的状态，已经能够让我们在忙碌的时候，暂时地忽略你一阵，而去把应该完成的事很好地完成。

如果人生是一条从涓涓细流慢慢汇聚，最终成为一道注入生命海洋的大河的话，那么今天的你，正处于一个大河的转折处。

在这个转折处，大河还不能叫大河，因为它似乎只是一条小小的河流，清清浅浅，时而默默，时而喧腾。

但是，经历几个转折之后，这条小河将望见平原的开阔，望见天地的辽阔，望见海洋的无限和宇宙的永恒。

是的，在穿越那些伟大的课程之后，在经历上天安排于身体之中的所有神奇变化之后，在学会承受生活中的美妙和无奈之后，这条河流将迎来生命中开阔的地带，从此望见自己生命不可轻觑的庄严。

虽然会有许多河流将在生活中干涸，虽然会有许多河流终其一生只能有那么点距离、那么点流量和流域，但那不是你——不是你爸爸，不是你妈妈，更不会是你。

你的一生将因为童年阅读的那些书籍，因为你面对面交往过的那些卓越的伯伯、叔叔和阿姨（就像前天几次向你敬酒的章叔叔就是其中的一个，包括与你天天生活在一起的这些叔叔和阿姨），因为你跟随我们走过的那些风景和地方，将注定成为一道河流，奔涌着流过这大地。

如果一个事业也是一条从涓涓细流慢慢汇聚，最终成为一道注入生命海洋的大河的话，那么今天的新教育研究中心，正处于一个大河的转折处。

你知道，这个团队是由爸爸和魏智渊叔叔、马玲阿姨最初汇聚而成的，我们追随朱永新伯伯的理想，一道做了许多有价值的事。慢慢地，许多人汇聚到一起，你妈妈也成为我们团队中卓越的一分子。而对这个团队，爸爸永远负有别样的责任，无论是这个团队的声誉、成就，还是这个团队的生存，团队成员的生活，我都必须当成自己最切身的事来考虑——甚至有时我会说，首先是这个团队，然后才是我们的家，因为我们一家几乎全在这个团队里，只要这个团队优秀着、卓越着、辉煌着，我们就永远不必过多地为这个小家而考虑。而过多地考虑自己的小家，如果这个团队却并没有走向强大，获得极大的成就，那么这个小家只怕也只能在获取了一点经济利益的同时，丧失它最高的精神享受。

现在，为了这个团队能够获得发展的契机，我们来到这黄河的转折处。我们将追随这条大河，像它一样在群山和高原处转折，并最终赢得广阔的土地，以及在这大地上，留下几字形的印痕——那曲曲折折的旅程的记忆。

在大河的转折处，一切悬而未决，一切有待河流自己在土地上开拓、冲撞，并且去灌溉，去滋润，去获得更多河流的汇入。

在这个生日之后，你生命中将有超越前面一切的伟大事物注入。

在这个你的生日之后，这个团队将有超越前面一切的良好契机显现。

而我们却是在一片近似沙漠的土地上，言说这一切的。这就需要我们有一种深邃的目光，能够从眼前的荒芜中，看到明天的繁荣和青葱。

我看得到，未来你的生命中，将能够拥有的卓越和成就。

我也看得到，这个团队在克服重重困难之后，将能够拥有的卓越和成就。

而眼前，我们首先遭遇的也许是：我们将有一个寒冬需要去承受。

昨晚，天意如此之凉，比月色更凉。这意味着即将提前来到的深秋和冬天，将会漫长而且严酷。

这意味着在自然中永远存在着一种淘汰的机制，它将用一种叫困难的困难，把那些貌似坚强者淘汰出局，让真正的强者卓然站立。

在生命大河的转折处，在大河还不知道自己的名字叫大河的时候，要相信那些穿越千山万水的生命。

永远不要逗留于物质的享受，永远不要放弃对精神的追求，永远不要放弃对朋友、对团队的承诺，永远不要放弃对脚下土地的热爱。作为一个强者，随时可以经受失败，但是永远不会放弃对自己的信心，对生活和未来的信心，以及对人类和世界的信心。

想象自己此刻站在高冈上，寒风吹彻，而自己仿佛一棵深深扎根的白杨，等候着今晚第一缕皎洁的月光，送上宁静的祝福。

生日快乐，如云宝贝！

老爸干国祥起草，老妈陈美丽签名

2010年中秋，于内蒙古鄂尔多斯东胜军台镇

让卓越成为你一生的肤色

——写给千如云13岁生日的信

亲爱的如云：

今天是你来到这个世界满13个年头的日子。13年来，你对这个世界的印象如何？它有没有如你没来之前，想象的那么美好？或者它比你当时所能想象的，还要丰富，还要多彩——虽然不全然是美好，但它比美好本身，还更多了一些魅力？我不知道世界此刻会不会躲在角落里，同样在对你进行一番打量，对你13年来的所做的种种，做同样的评价。我相信，如果它正在暗自把我们打量，也一定会比我们更宽容，它容忍了我们的幼稚与天真，容忍了我们大大小小并不完全恰当的占有欲，容忍了我们的屡屡出丑和犯错——因为它知道，人类这生灵永远存有一个希望：只要觉悟过来，他便能够一天比一天做得更好——让自己一天比一天更纯粹与坚强，让世界一天比一天纯净与美好。

但没有什么美好的事物是能够一蹴而就的，你刚刚读完《爱因斯坦的圣经》，知道如果用人类的时间计算，那么自150亿年前的大爆炸中诞生一个新的宇宙开始，约43亿年前，开始出现最简单的生命，再要经历43亿年的漫长进化，无数实验的失败与偶然的成功，无数无情的杀戮……然后，才有了我们人类。之后，人类创造了那么多神话、宫殿、故事、器具，写下那么多唐诗宋词、优美的歌曲，然后你来了，享用这一切，感受这一切。并且我相信，你还要继续着，参与这一切的重新创造，“给每一条河每一座山取一个温暖的名字”（海子诗句）。

前天你把老师布置的假日作文《我的偶像》，献给了老爸，你说随心随意地写，不想写出老爸任何在外面人眼里的优秀和所做过的所谓的事迹，只想写出你眼里亲切而不失精彩的老爸。于是我回想起作为父亲，我对你的教育的点点滴滴——那有限的点点滴滴。

自幼，你的一切大都由你“亲爱的鸟妈”一手操持，我是一边阅读育儿指南一边在旁“指指点点”的“顾问”。我们唯你这个孩子，在此之前我们并没有做过爸爸妈妈，自然很不专业，所以，需要一边阅读，一边探索。但我们知道这样的实验一生只有一次，只能成功，不许失败。所以，真是怀着欣喜与忐忑，度过那些最初的岁月。但我更多的只是享受了天伦之乐，却没有在你最初的成长中，付出对等的辛劳。真的，母亲最伟大，这句话对大多数孩子来说是颠扑不破的真理。我最幸运的，是和你妈妈一道见证和帮助你完成了童年时的阅读旅程，在那些重要的时刻，我都在场，在观察着你，在思考着你下一步的方向。

一直到在成都的日子，我给你的感觉中都只是一个慈祥的老爸，和时而严厉时而慈爱的老妈相映成趣。然后到了扬州宝应，某一天我忽然要求你朝向卓越。我清楚地记得，那一天你很震惊，说“我就是不想卓越，我就是想平平淡淡”。那时候你还不知道，卓越和平平淡淡并不是反义词，卓越指的是一个人内在的生命品质，而平淡指的是一个人选择的某种生活方式。是的，前天你问什么是“生命”与“生活”的区别（在英文中似乎是同一个词），就是这两个词所指对象的细微差异。

几年后，我们来到了内蒙古鄂尔多斯高原，来到了罕台。去年，你和依依相伴，经历了整整一年特殊的自我教育的时光。

今年秋天，当你第一次踏进真正的中学校园，走进初二的教室，走向那些同学，伴随着哲学启蒙书《苏菲的世界》的重读，你突然开始意识到自己究竟是谁，意识到卓越原来是一个人的宿命——至少是你的宿命，你根本无法逃遁这个命运。

但是什么是真正的卓越呢？卓越是不是比别人在这个或那个地方高

出一头呢？你当然不会把卓越理解为比别人穿戴得漂亮一些，坐的车高级一些，或者拥有更多显耀的资本。但是我还得告诉你，卓越甚至不是在才艺、知识上比同学高一截，不是唱歌比某某好，不是写作文比某某好，不是背英文课文和做数学题比同学们都要快……

那么卓越究竟是什么呢？卓越在根本上，是对自己生命的一种持久的信心，并且在最艰难、最阴暗的岁月里，也不丧失这种对自己生命的尊严感。卓越只是一种对自己生命的持久的信心，甚至不需要当下的证明？是的，就是这样。我知道这样定义卓越，会让你为自己有时候的懈怠找到借口与理由，但是我不能因为这个原因，修改我对卓越的理解。

而我对卓越的理解，不是来自哪一本书或词典的定义，而只来自我自己的生命经历与感悟。你知道老爸当年只是一个黑皮肤的乡下孩子，考入了师范，就像真正的丑小鸭来到相对要漂亮一些的鸭群中。没有任何资本是你可以炫耀的，你的普通话不行，你的记忆力不行，你的数学远非最好，你在任何方面都不是第一，都不可能是第一……是的，后来老爸在作文上，在绘画上，在阅读上，在乐器上，都有了自己的“长项”，但是在根本上，仍然最多不过是平平常常的一员。

但我似乎有一种信念，感觉到自己并不愿意也不会平平庸庸地过一生。那时候我根本不知道我想要什么，要到哪里去。因为我不是文学青年，不想成为诗人，虽有绘画天赋但不想成为画家，当时更没热爱教育……我唯一有的，就是一种信念：我的同学很优秀，但我会有自己的道路，我不必和他们比较，因为我有自己的方向，并最终将走到那里。

因为没有导师告诉我道路，因为我还没有领会自己的天命，因为我在那里读的书还没有你今天所读的更具有一种指示道路的方向感（我相信，如果当年我更早地读到你今天所读并理解了的史铁生、海子、《吉檀迦利》，那么我将领悟得更快更早），所以我迷失了很久很久。

只是在漫长的迷失中，在旁边同学和同事的优秀中，我始终有一种信念从未动摇：我不会平平庸庸地度过这一生，我会让我的生命拥有真正的价值——虽然此刻我还不知道它将是什么。

我相信，这个信念来自我的全部经历，来自我的全部阅读，但它比任何一本书或一次事件都重要，而且，它把我从平庸的生活中不时地拉开，回到一种寻觅当中。然后某一天，我领会到了自己的天命竟然是我一直并不情愿投身的教育事业。然后，我就开始成为一个好老师，不必和谁比较，只朝着自己最大的可能性永无止境地发展。我相信，哪怕最疲惫的时刻，哪怕最沉重的失败中，我也仍然在不止歇地朝着这个方向前行。今天，今年，都只是一个小小的站点。

我知道自己的童年和少年的得得失失，我清楚你今天业已站立的，是比我当年更好的位置，可以看得更高更远更为辽阔，所以我自然就会对你寄有“卓越”的愿望。但我同样清楚，除非你自己把卓越理解为自己的生命本质，否则没有谁的愿望可以成为你生命自由的最终实现。

所以，一方面，我对你的要求比昨天、比去年更高，而另一方面，我则反而希望你不要太在乎今天在教室里和同学的“较量”。并不是说败北是理所当然的事，只是说，有比胜利和优秀远为重要的。而这甚至会让我们根本不在乎眼前的“风头”“成功”“掌声”和“第一”。

今天你已经拥有了争夺第一的潜力，但是没有必要把这个看得太重，如果你拥有一颗卓越的心，你可以选择它，也可以完全不让它占据在自己的念头中，而只朝着那些伟大书籍指引的道路前行。

只有一个标准我们无法回避：最终，除非我们为世界创造出新的价值，否则我们不能向这个躲在角落里打量我们的150亿岁的老头证明我们自身的价值。更重要的是，我们不能凭借其他任何东西，安慰我们对自己一生的期许，也就是说，我们无法拥有只此一生的意义。

卓越，是一个令人骄傲的天赋，亲爱的女儿，你在最近忽然感觉到它开始在体内涌动，我希望它成为你一生的肤色，无论在清贫的岁月里，还是掌声雷动的时刻里。

老爸干国祥起草，老妈陈美丽签名

2011农历辛卯年中秋

手拈花儿去穿越你的雨季

——为如云14岁生日而写的信

如云宝贝：

生日快乐。

昨晚近11点，一家人从教学楼回到宿舍，抬头望见鄂尔多斯高原的明月。如此皎洁、高远。我说，在我的近视眼看来，月亮已经圆了，如云，生日快乐！你说，在你的近视眼看来，月亮确实也已经圆了。呵呵。近视，原来也是一种幸福，生活中，生命中，有太多的事，若过于苛察，便没有了美感，没有了诗意，也就没有了幸福感。所以中国古人有云：难得糊涂。

“糊涂”或是一种最初的浪漫，或是一种穿越之后的再度远观，但生命毕竟不可能止于这浪漫。百草园再美，孩子也得长大，到三味书屋去经历，去“异化”，去让一个叫周树人的小男孩，成为另一个叫鲁迅的人。

今年秋天，你初三了。我在故乡绍兴教初中的时候，经常对学生说，初中是花季，高中是雨季，初三是提前来到的雨季……

昨天回家，你便发了一个微博，说国庆假期，和放暑假的感觉完全一样：就作业量而言。

是的，这就是中国的初三（决战于中考），以及未来的三年高中（决战于高考）。爸爸的许多朋友，为了让自己的孩子免于这种中国式的教育，或想方设法到京城，利用北京、上海等地的考分优势，减轻孩子的升学压力，或者干脆努力攒钱，把孩子送到国外……老爸要告诉你这些实情，但同样要坦率地告诉你：我没有为你这样做。

一方面，我并不认为一家人的成就，是应该以孩子为中心的，如果父母有梦想，有理想，有事业，那么应该当前就实现了，不应该寄托在孩子的身上。而父母的这种去成就的姿态，便是对孩子最重要的教育与表率：人应当如是生活，面对一切挑战，实现自己的哪怕一丁点儿的梦想。

另一方面，我认为穿越这似无意义的“雨季”，或许能够让生命拥有一份另外的品质——关键在于你如何穿越，有没有在穿越中被异化，而不是转身逃到另外一个世界。在另外一个世界里成长，将没法成为这个世界的“言说者”，无法用自己的经历和感受，说出这个世界的真相与真理。

是的，我想让你走的，是一条比较特别的道路：和最普通的孩子一道成长，最终设法成为他们的喜怒哀乐、酸甜苦辣、悲欢离合的见证人，甚至“道说者”。

前些日子，你遗憾地发现：相比于许多同龄人，你错过了许多“技艺”的修炼。你的画不错，但没有专业地学习，因为我并没提倡；你没练钢琴或任何一种高级的乐器；你没继续练舞蹈或参加任何一个特长班……

当时我的回答：如果你想好要学什么了，你随时可以去。但在某种意义上，现在确实时机并不成熟，因为雨季已经来临，在靠题海战术生存的学校里，要学习另外那些技能会让生活过度拥挤而放弃、丧失比一切技艺更重要的东西：静思，冥想，幻想与遐想……

最近老爸尴尬地发现，当别人要我在书上签名时，我才发现自己小时候连字也没好好练过。虽然我普通话也很不好，但已经不影响我用半方言做生动的讲座和讲课。虽然学过一些乐器，画过几年画，但都已经抛下，没有任何一种技艺现在是可以拿出来的……

但是，最终我发现这些技艺是生命中非常重要的但并不是最重要的。它们是生命必需的营养（所以，我希望罕台新教育实验小学的孩子，人人要学几种乐器，要学舞蹈，练轮滑……你事实上也学过不少了，只是没有用考级的等级要求让你不断升级而已），它们是童年时期的浪漫、丰富、充盈，但是，除非你是某方面的艺术家，否则这一切都只能作为背景。成就一个人的，一定是他或她深厚的“内功”，而不是某方面的技艺。技艺能赢得一刻，但无法确保终身的成就；唯有内功，才能确保终身的成功、成就，即使在另外的领域里，也一样可以勇敢地涉及，而且很快地成为行家里手。

这种能力，简单说就是自学的能力、习惯、第二本能、生命基本模型。我曾说过，你要成为一台学习机器。我的意思是说，人应该是一台能够学习、热爱学习、能够不断更新程序自我学习的“机器”。

生命说到底是什么？它就是在特定的环境中，赢得自己的生存而已。

人这种生命说到底是什么？那就是在变化着的环境中，赢得自己的生存而已。

其他动物只能适应环境，唯人为大，能够在环境变化中变化自己，甚至预见到环境的变化而提前改变自己。

这就是学习的本质。虽然现在的学校教育似乎距这个本质已经非常遥远，但作为一台还算成功的自学机器，作为一个教育研究者，我认为无论学校教育是优秀或者糟糕的，那个教材背后的知识，大多数仍然是真知识，无论是自然科学知识、数学知识，还是文史哲知识，大多数是人类文明创造的精华，只是老师们未必有能力让它们在学校里、在教室里、在课堂上复活而已。

一台好的学习机器，是能够超越教室、课堂与老师的局限的，而且不会责怪老师们的水平不够导致自己学习不行。

事实上，我在师范学校的时候（相当于高中的时候），就已经发现，我在古诗词的感受与评析上，已经不亚于那些优秀的老师了（我的老师们是相当优秀的），甚至我在古文和古文论上的潜力，已经有超过他们的迹象——当然我没有说，当时也不甚清晰，以为老师们是因为我们太幼稚而没向我们说。然后从师范里出来，我就利用深山里的寂寞时光，自学了影印版的古籍：四书五经，《道德经》《庄子》，诸子百家中的数家的著作……

但相比于你，我仍然要“逊色”得多，一定要记住，今天你只是深深感受到但无法清晰言说出的泰戈尔、史铁生、鲁迅、王国维，最终会成为你生命的肤色，赋予你一生的财富。当然他们不是整个世界，在这世界里，还有你同样热爱的凡·高、有趣的达利，以及敬畏的爱因斯坦们……还有更多的伟大名字，今天你还没涉及呢！

热爱他们，学习他们，以他们为师，以他们为友，以他们为精神上的祖辈、父辈、兄弟，成为他们精神上的子嗣与传人！

要这样去想人类的知识问题，然后，中考与高考能算个啥呢？不要怕中考、高考，要怕的是自己没有足够的能量去成为人类文明的传人。

至于初三的苦、中考的紧张、高中的漫长岁月……那就当成西天取经路上的妖怪们吧，没有它们，你是断然不能取得真经的，因为你没有机会深刻地感受生活。如果老爸老妈因为对你的爱（这爱比其他父母们一样不浅半分），为你排除了生命的一切障碍，那么你的一生并不会因此而更加幸福。因为最终，一个生命的成就，只能是他经历的全部苦难。从《草房子》到《西游记》，从鲁迅到史铁生，哪一个伟大的故事和伟大的生命，不是这样的呢？

当然，生命不是为苦而来，生命是为把自己绽放于天地间而来（这是老爸经常借此创造格言的一个隐喻）。

生命要无数次地绽放；而最终在历史的长河中，又只是一次绽放而已。

走吧，向前走吧，走进雨季，走过花季，走到高冈的明月无言般若，你定会深深地俯首，感谢宇宙，感谢短暂地来此一遭，以及刹那的永恒。

老爸干国祥起草，老妈陈美丽签名

2012年9月30日中秋节

为了爱你，以及自由

——为如云15岁生日而写的信

如云宝贝：

今晚，我们或者不能陪你看圆满的月亮了：在鄂尔多斯的高原上，皎洁的月光，浩大的苍穹，这是我们在罕台能够看到的；而你在康巴什，或者那月光将溶解在城市的灯火中，或者，你将按照学校的安排，站在天文望远镜前，第一次逼真地看到它的荒凉和冰冷。

但无论在哪里，都会有人为你点燃烟火吧？无论在哪里，我和你妈妈，心里总是满满地念着你。“海上生明月，天涯共此时。”对中国人而言，明月总是一种象征，思念的象征。无论阴晴，无论团聚或者分离，中秋的月亮在我们的心里总是圆满的，带一点点节日的喜悦，带一点点生命的惆怅。

念着你，但还是要放你走，放你飞——甚至，要逼着你走出温暖的窝，走进风雨，融入生活或生命的大河。

这并非你第一次离开我们住在学校。也许你已经记不得，在宁波万里国际幼儿园的时候，你就住在幼儿园里，虽然我差不多就在同一个地方工作，但每星期也只能见你一面。与其说我和你妈妈为了工作可以硬下心来放下你，不如说我们相信你，相信我们对你的爱与教育，让你逐渐拥有了这样的一种生命禀赋：低调地适应环境，把新环境的某种不适逐渐地转化为营养，让自己扎根，并开出自己的花。

你没读完幼儿园，提前一年进了成外附小。我们担心着没有经过学前班教育的你能否适应小学生活，但有你妈妈每晚的陪伴，你那样顺利地度过了小学的前三年。开始只是画画上的自由表达让李文老师欣赏你；两年后，无论哪一门学科或技艺，你都赢得了老师和同学的赞赏。这虽主要是你妈妈的功劳，但我们的爱毕竟只有由你自己转化为内在的禀赋，你才能在这个世界上赢得快乐生存的权利。

我们同样也曾担心，从崇尚安逸的成都迁徙到以应试著称的江苏扬州，到宝应实验小学，面对着从小接受高强度应试教育的县城同学，你能不能适应，会不会迷失自己。那个暑假，你快乐地读着金庸小说，老爸组织了新教育实验的一场重要的会议：运城年会。然后，我们举家从成都到扬州宝应，在那个金庸小说中郭靖练完最后三招降龙十八掌的地方，你将度过小学的后面三年时光。

在我的教育理念里，四年级正是自我人格意识形成的开端及关键期，以前读过的童话、神话、英雄传说，从现在起应该慢慢有意识地转化为自己的原型与榜样。所以我开始第一次不只是无限宽容与温柔地看着你，而提出了“应该追求卓越”的要求。不知你是不是记得，你开始的时候反抗这个口号，宣称自己只要平平淡淡、快快乐乐就行了。然而不久后，你就清楚，真正的快乐与卓越相关，没有哪一种真正的平淡（平庸）能够带来深刻的快乐——除非，是繁华落尽之后的那种干净及淡泊。但生命若无繁花的季节，哪里会有落英的美丽，以及繁华（花）落净后的洗练？

三年后，你以优秀的成绩顺利考入一票难求的宝应实验中学，那个县城最好的初中。但比这更重要的是，在这三年里，你读过的书，明白的道理，让你的童年拥有着足够的丰富与浪漫。史铁生的作品、泰戈尔的《吉檀迦利》都成了我们最爱的文字，在我们忧愁或痛苦的时候，片刻的共读，就能让我们的灵魂再度返回到它安宁的枝头。

但就在那时候，新教育研究中心这“一大家”又从江苏扬州迁徙到内蒙古鄂尔多斯，而且选择了罕台这个高原上的沙陵小镇作为长久的栖居地。我清楚地记得那一个中秋，我在嘈杂的肯德基餐厅里为你写下《在大河的转折处》，那是我当年灵魂的声音：在最艰难的时刻，精神的力量愈发像一条汹涌的大河，矢志要在这荒漠般的大地上冲出自己的画图。

你在东胜区实验中学报了名，但因为交通不便等原因，没有去上学。和依依两个人组成了“两个人的中学”。因为担忧不久的中学生涯将剥夺尽你们的时间，所以那一年，特地安排你们读的是课外书籍。而回头看来，你从中收获最大的，是自学（基于自律）和忍耐（譬如寂寞）的能力。

东胜区实验中学的这两年，现在评价它为时尚早，因为它离得太近，我还真不敢相信自己能做出客观的评判。今年暑假偶遇你们的周旭光校长，两年前正是我找他，请他安排，把你们俩插入初二班级中，现在你毕业了，所以我按礼貌向他表示感谢。周校长握着我的手说：“干老师，是我要谢谢你啊，你给我送来了这么优秀的学生。”他转身向旁边另外一些校长说：“干如云的自学能力非常强……”

确实，小中考，八册书里你只读到四册，在极短的时间里，你通过自学取得了不错的成绩。初一语文教材，你只是翻阅了一遍，背了几首没遇到的古诗词。初一英语教材，几乎就没拿起来。而后面的课堂上，你也并没有多大程度上真正地品尝到学习的快乐或知识的魅力。没有补习班，每晚按时休息，依然有音乐与电影，最后一学期临近中考，还挤出时间学了吉他。就是这样，你取得了两年初中生涯中第二个极佳成绩，顺利地考进了鄂尔多斯市第一中学。决定这一切的，是自律，是自学能力，以及以往岁月里积淀下来的那些美好事物，它们慢慢酝酿成生命的美酒、学习的内功，同时也成为考试的助推剂。

今天，我回望你走过的这一路，在你离开我们，进入我和你妈妈从来没有上过的高中时，只有一个目的，那就是我们想要再次告诉你：你真的非常优秀，拥有着独一无二的自己的禀赋与风格；在任何地方，你都能够低调地适应，默默地成长，最终成为佼佼者，成为此片土地上的扎根并绽放者。

进到市一中，你已经遭遇到许多不曾遭遇过的“困境”：习惯自由的你，现在进入的是一所从早到晚所有时间安排得满满当当的高中；习惯闲散的你，现在面对的是连被子也要叠得像豆腐块一样方正的学校；从来不深夜学习的你，现在每天被安排学习到夜深；习惯自己一个人学习的你，现在没有了属于自己安排的时间——当然，你的同学们会一如既往，把每周或两周不到一天的回家时间当成补习的黄金时间，但你一如既往，会把它交给电影、音乐、懒觉，以及和老爸老妈说一些天南海北的无用的话。也许，难道，或者，这一次你真的会失败？

还有，你以前所有上学学校的校长，我都认识，我作为专家都到那些学校去做过讲座或指导。或多或少，老师们会因此对你有所宽容与照顾，至少是容忍。但我尚未涉及高中教育的研究，而且市一中至少在鄂尔多斯或内蒙古，也是万金难买一票的牛校。今年内蒙古高考第一的成绩，估计会让所有家长连提意见的机会与勇气都没有。所以，这件事，或者是第一次你将在不受到任何特殊待遇的情况下，证明自己能够在任何土地上默默扎根并绽放的契机。你凭自己的成绩进了这学校，进了重点班，在这一点上，任何父母只怕都是无能为力的：钱或者权力，买得到“入场券”，但买不到真诚的掌声，以及真正的成就。那一切靠的是你自己，未来的一切还将完全依靠你自己，而我们也完全地相信你。

老爸老妈都没读过高中，这些年，我们耳闻目睹高中的“残酷”已经太多，但是终归没有亲身感受。说实在的，我内心里也有些矛盾的地方：我不希望你明明拥有着天赋，却因为反对竞争的残酷，倒成为一群人中的失败者；我同样不希望你为了赢得残酷的竞争，被异化为一个应试教育的成功样品。

到现在为止，你的成功是素质教育的成功，而非应试的成功。你是用几乎最小的人性代价，取得了别人梦寐以求的资格。

所以，该如何度过高中这三年，将是一场完全未知的探索：完全忘却生命的丰富与美丽，只盯着分数和名次，这永远不应该是我家的追求；为了生命的自由与个性，不顾现实的成败与得失，这也不是我们所提倡的——一则因为老爸老妈没有机会为你创造一个非常优裕的经济条件，二则我们坚持认为，一个人无论活在哪个时代哪个国度，他总得在一定的训练和竞争中才能赢得自我（不是简单地战胜任何一个他者；但一个真正强大的自我，总是能够战胜大多数异化并丢失本真的同侪的）。

但并非所有的情况都是不利的，至少有一点，情况可以说是空前地好：你现在的老师，应该是你遇到过的老师中整体最优秀的（虽然你以前所上的，全是当地一流的学校）；你现在的同学，也确实是你所遇到过的同学中整体最优秀的。你告诉我，自小学高年级以来，仿佛第一次上课听讲经常有了参与的兴趣。你没告诉我，教室里再也没有往常砸凳骂娘的场景——你不再说起这些，意味着它真的已经消失，而你已经更多地会谈起老师、课堂和同学，当然，还有食堂门口那只肥胖、慈祥，应该成为学校形象大使的猫……

前些天，我又为你订了许多书——虽然知道你或者将很长时间没有机会拿起这些，甚至能不能拥有从容的假期也不一定。但这个行为只是表明：我心里很清楚，一个人读高中不只是为了高考的成功；一个人要一生丰盈自己，成就独一无二的美丽自我，仅仅课本和试卷是不够的。

中考前，我希望你考入市一中，不是因为那学校硬件传说非常棒（虽然你现在也如愿住进了两人一间的带卫生间的宿舍），而是你将遭遇到本地最好的老师群体和同学群体，对一个不强势但更不甘堕落的女孩来说，这样的环境或许是非常重要的。

那时候，我还说，我希望你高中选择理科，因为在某种程度上，理科课内外差异并不太大，即今天所学和明天所用的差别并不是很大——即使以后不再学理科，至少它的逻辑思维方式，能够成为一种做学问必要的规范。但文科，包括语文，我们可能就会不得不遭遇许多虽然精致，但或许真的只是一家偏见的东西。然而，若有机会接触另外的声音，不被一家偏见所左右，那么一家偏见也会成为有益的多元声音中的一种，作为有益的信息进入我们自由的思想、思辨中。

我不知道自己的这一点点奢想，能不能在你的高中三年实现：学习理科，尤其是那严谨细致的思维方式；不限于教材学文科，学会在思辨中保持自由、开放与复杂性思维。

如果最后失败了怎么办？仿佛一年前，你问我的那样："如果我考不进市一中怎么办？"要记得我曾笑呵呵地回答："那就读东联中学啊，东联也是非常棒的中学啊。考不进东联，也没关系啊，在另外的中学里，你一样可以重新崛起啊——毕竟无论哪一所高中，都有杰出的学生啊。学校优劣只是一个百分比的高低，但对一个具体的学生而言，只有成与败、丰富或贫瘠这些非此即彼的结果，与数量无关，他面对的只是自己个人的命运，并最终由自己掌握着。"所以你进了市一中，我想说的照样是：偶尔失败了又怎样？高考失败了又怎样？只要生命不认输，就终将不败。

今天阳光很好，或者就是为了中秋能够有一轮明月。是留下来让老爸老妈陪着你看月，还是揣着老爸老妈的祝福和思念，踏上自己的高中生涯？这里并没有对错，只有一瞬间的抉择。不同的"享受"，只要内化到生命里，连错误也能是财富。但生命，终究是自己向着自己承诺：在任何的土地上扎根，并开出自己独特的花。抉择与答案，真的没有任何别人可以替自己完成。

可以把高中想象成一个漫漫长夜，但它也可仍是孕育朝阳的重大时刻；可以把高中想象成一个漫长的寒冬，但倔强的生命终归会在尽处绽放出春的奇迹。但我清楚，你的高中生涯不会是长夜或寒冬，你强大的适应能力、低调的处世风格、倔强的内在灵魂，都会让你把高中同时变成丰盈的雨季，和时不时美丽一次的花季。

老妈托人买蛋糕去了，还在网上替你订了几套衣服。我想不出能送你什么，就送两句一直萦绕在心头的话。

"享受知识。"这是我最想说的一句话。既然遇到了不错的老师们，既然高中注定要与知识为伍，那么就享受知识吧。努力去提升自己，成为我前几年跟你说过的"自动的学习机器"，去尽情地享受知识，而不是战战兢兢地和同学比分数以及名次。我曾一再地说，书本里的大多数知识，都曾是前辈最高智慧的体现，甚至是人类的伟大时刻。虽然岁月让它们蒙了尘，但只要我们足够虔诚，它们依然能够在我们的精神世界里复活。

“用目光改变世界。”读过了多遍《苏菲的世界》，你应该能明白我的意思：世界不是一个坚硬的实体，世界永远是我们的目光与他者共同构建的“现象”。同一个月球，在恐怖传说中是魔鬼的化身，在希腊神话中是贞洁女神的象征，而在由无数诗词构成的中国文化中，它是最温柔最美丽的思念。高中校园的一草一木，那些建筑，那些老师，那些事件，只要一颗心足够强悍与自由，就可以把它看成是诗意人生的一部分，哪怕痛苦也是值得咀嚼的点心——没痛苦的人生怎能领会生命的真谛。所以最终，不是我们遭遇到了一个怎样的世界，而是我们把世界理解成、解释成、在内心里构造成什么样子。于是，老爸没有完全摆脱饥饿的童年是如此美丽，疾病缠身的青春（就是你上高中的年龄）是那样丰盈……那些比我健康的同龄人，也许没有我获得的多，而这一切或者只是因为，疾病或某种偶然的阅读，让我从那一刻起就以独特的目光审察着、理解着所遭遇的一切，构筑着自己的因缘世界。

每一年你的生日，在写信的时候，想着你生命的前前后后，总是忍不住欣喜，又忍不住忐忑。譬如三年前的这一天，在苦寒的罕台，离开了校园集体生活，我想着：你能适应吗？这样的选择会不会成为一个重大的错误？但后来你告诉我，你喜欢上罕台的空旷与荒凉，仿佛就像在反复品味刘亮程笔下的村庄。譬如在去年，面对越来越近的中考，鼓点频催，我想着：一贯自由的你会受伤吗？坚持休息、放松、娱乐的原则，会不会让你中考失利，进而自信心受挫？而现在，你真正意义上第一次远离我们，真正意义上不由我们安排与照顾，而必须服从学校铁的纪律，在学习和生活上都独立自主，我想的则是：你能不能借机在内心摆脱怯懦，变得更坚定与勇敢？去适应而非抱怨，去吸纳而非排斥，去观察而非草率批判，去不断地汲取、丰盈、成长、探索、尝试，而不把它当成生命大河的终局。

生活，是一出没有写定结局的大戏；生命，是一条并未确定航道的河流。不确定性就是我们最尊崇的自由，它带着一点点令人恐惧的阴暗，一点点令人向往的缤纷，召唤我们去投入一场伟大的冒险。而如果有谁站在岸边犹豫不决，它又会不由分说地把人裹挟着冲到未来。

家，是安宁的港湾。未来，是自由的大海。在安全与自由之间，你时而启程远航，时而返航栖息。但最终，家只是一个符号，一个心里永久的爱的烙印，一个可以携带着走遍世界的心灵的坐标。知道它永远在那里，知道有人永远最真切地牵挂着自己，这就够了，这就足够了，这就足够勇敢地朝向无限的海洋永不回头地远行了。

风筝的线头，我们依然紧紧地攥着，但若什么时候你勇敢地挣脱，自由地飞去，我们也并没有失去什么，因为其实在我们心里，这根线永远不会松手。只是，为了爱与自由，我们须装得在必要的时候攥紧，在必要的时候松开。爱你，也是一项我们练习了 15 年的艺术，并且从中越来越深地领会了教育和生命的真谛。

老爸起草，老妈签名

2013 年 9 月 19 日中秋节

在你被抛入的世界里做一个自由者

——写给干如云16岁生日的信

亲爱的女儿：

每一年的你，都是生命给予我们最美好的礼物。美好不是圆满无缺；美好是独一无二，是总会有意想不到的惊奇与惊喜，是让我们看到你的成长，并且促进着我和你母亲的成长——你的来临让我们比过去更懂得孩子、生命、教育，每一年都是这样，每一年都会有新的故事、新的惊奇。

长到某一刻，我可以和你一起学唐诗，这是多美好的回忆——那是你读小学四年级的时候。

长到某一刻，我可以和你一起读泰戈尔、史铁生，用他们清澈的文字，排解内心的忧伤——那是你读小学六年级的时候。

长到某一刻，我们可以讨论《野草》、海子、刘亮程——那是你来鄂尔多斯，和我们一道在罕台栖居的时候。

长到某一刻，你可以读我精心整理、编写、书写的那些最深邃的文字，旁听我给老师们所做的国学、美学、哲学讲座：譬如上一年你读了我在新教育网络师范学院讲《论语》的讲义；今年暑假，你和大家一道听我讲《庄子》内七篇，以及《天下》《秋水》《知北游》诸篇。

这是一种深刻的幸福，和听你牙牙学语时一样幸福，和看你小时候自发地舞蹈歌唱时一样幸福——或者更幸福，因为你知道这些文字和思想，可能是我此生所能给予你的最好礼物。老爸清贫，不多的钱除养家以外，都投注到了事业中，以后也未必会富有到可以给你什么奢侈昂贵的东西——但我内心觉得，在物质上给予多少，也抵不上这些精神上的编织和赠予。

值得庆幸也遗憾的是你上高二了。中国式高中，这是一个人类历史上值得永远铭记的特殊现象，它让我想起斯巴达、柏拉图的理想国……不知该庆幸还是该惋惜，我们的高中没有以上那些名词中的“理论”“信仰”“真理”，它只是数量过多的中国人为赢得生存的机会，而偶然形成的这样一种生态状态。叫它畸形也罢，叫它奋斗也罢，叫它务实也罢，叫它势利也罢——事实仅仅是中国人纵然在物质上开始摆脱贫困，但并没有在内心里赢得富足、安全、自由。不必过度地追问这一切的根源，原因之上还有原因，乃至无穷——紧迫的只是我们自己能不能在内心里摆脱束缚，赢得自由。

其实没有人生活在完美中，每个人的存在，总是被抛到一个特别的历史境遇中。如果他觉得处境本身很优越、很幸福，那大多数情况只是因为相比于他的同时代人，他觉得自己高人一等。就物质的享受和精神的自由，古代的皇帝也比不上今天的中产阶层，但如果皇帝因他的位置觉得很幸福，那就是权力带来的自我感觉。反过来，今天的白领或知识分子，觉得了无生趣，没有希望，也仅仅是因为他的幸福观念建立在自己的工作和生活之外，他眼前的一切无法让他自己满足——虽然这一切是别人一直在梦寐以求的。

我不是要让你觉得眼前的一切就是幸福，这样的幸福观只能是猪狗的幸福观。但我同样不希望你把幸福建立在别处，觉得眼前的一切糟糕透了，想要幸福只能移民到美国或新西兰，或者至少离开中国式高中，或者需要花园式别墅、名车，以及不必辛劳地工作……

我想说的是：对物质的要求要尽可能降低，不要让生命被物质束缚——享受物质，但不为其束缚，这非常重要。对精神的追求要尽可能地提升，而这恰恰是几乎在任何处境下都有可能做得到的。今天中午，沾你生日的光，老爸在必胜客吃牛排喝红酒——这是离开宁波和成都以后，我很少享受的美味了。其实路很近，其实一切（包括老爸曾经日不可离的海鲜水产）也并非不可获致，但我内心里已经超越了这一切。是的，服装、食物、住房、车子……这一切若我需要都不难获致，但它们确实早已经对我失去了“魅力”，它们只是我生存必不可少的基础，幸福与快乐，源自更高的领域。我不是希望你今天就超越这一切，恰恰相反，我是希望你有机会逐渐地、慢慢地享受这一切；但与此同时，我希望你永远不要忘记还有一个更高的领域，还有一种更内在、更深层的幸福，它是真实不虚的。

我想说的是：在确保基本的安全、生理、情感需要后，一个人的生命焦点应该更多地放在自己的精神成长上，这才是终极的自由。自由有赖于外在的环境，它会在我们的努力下慢慢到来，但它永远是有限的，更重要、更现实的是它目前还无法在你的高中里实现。但你不能等，不可等，还有一种更本真的自由需要你立刻行动，去真实地拥有它——这就是精神上的成长性！超越外在的束缚，超越内心的怯懦和欲望的束缚，去让自己的精神更强大、更丰富、更深邃、更具有创造性。这种自由及追求，它是批判的更是宽容的，是自律的而非苛求别人与世界的，是知道世界的不完美性而致力于自己对自己负责的。

我们都是被抛入自己的世界与时代的。老爸生在“文革”，长在“文革”后期和后“文革”时期，经历过饥饿、疾病，以及灌输、刻板的教育——在我刚参加工作去教书的时候，还经常因为没有让学生按标准答案背诵而屡吃大亏。在那时候，创造性理解是会带来灾难性后果的，这和今天完全不同。但就是在那个时候，我读了四书五经、老庄、西方心理学和西方哲学的入门著作，为我后来的自由奠定了基础。

你也是被抛入你的世界与这个时代的。这个世界、这个时代还远没有准备好，还远未完美，但你就来了。不过你不能等，因为你稍一犹豫，你妈妈就不是你妈妈，你爸爸就不是你爸爸，你的一切经历就不是你的经历——也就是说，你就不是你！会有另外一个人替你（也替我们）生活在幻想的未来的“美好时代”，但你显然并不愿意和她交换角色——我知道你并不愿意。你更愿意带着一点点小抱怨、一点点小委屈、一点点小叛逆，和真实的并不完美、并不完全称心如意的自己生活在这个时代，你愿意有这样的一个并不完美的老爸，和同样并不完美的老妈。这就是你的生活，这就是你的生命，我们可以努力让它一点点美好起来、充沛起来、丰盈起来（不是胖起来），一年比一年更有意义，但是我们不能奢想一个丧失了我们自己的幻想王国。

我宁可在困境中坚持自身的成长，而不愿意消除一切困难但同时也丧失了自我。

你被抛在今天，被抛在中国式高中，不知未来你的儿女，还需不需要经历你所经历的“中国式高中”——但有一点可以确信无疑，那将仍然是一个并不完美的世界，在那个世界上将依然有杰出和平庸的人们生活在一起，最迫切的问题仍然是他（她）是杰出者还是平庸者，而不是那个时代可能有多么完美。

必须穿校服；必须剪不能超出眉毛和耳朵的短发；男女生在校园走路必须保持一定的距离；不能带手机，哪怕是不能上网的非智能手机也不行；所有学科必须达到一定的标准否则你将四面楚歌……

这就是中国式高中，并非你一个人的处境（知道这一点也并不因此可以让谁感觉好一点）。你被抛入这个时代，会感受到这是这个时代“诸多痛”之一。这个时代也有它的“诸多美”，但人们更容易记住痛，而不是美丽与美好。

你将选择抱怨，进而逃避？不，不可能，这不是干家作风。

你将选择迎难而上，在应试中杀出一条血路，为自己赢得辉煌的明天？不，不可能，这同样不是干家作风。

你将批评与指责这个社会，把自己一边装扮成受害者，一边装扮成斗士？不，不可能，这同样不是干家作风。

你将如何选择？我并不完全知道！而且选择的道路也不是非此即彼，并不是一劳永逸的。

你必须好好地度过高中剩下的这两年，一方面要和你并非天性热爱的理科厮杀（但你可以努力去赢得对这些真知识的热爱，而不仅仅是对分数和名次的热爱），另一方面还得和老师、同学以及自己内心里滋长出来的各色各样的“我”谈判、争斗、和解。

你必须考上一所大学，而且依你的实力与现有条件，不会也不能太差（我们从来不希望你去追求外在标准里的第一）。

……

高中生涯的临时性终点上有些什么是一清二楚的，但是道路会怎样，这个没人知道，也幸亏不知道——知道将要参加的宴会的每一道菜、每一个人、每一句台词，那将让再华丽的生活也索然无味。

可是，总有些什么，是揪得那样紧：来自学校的分数和名次；来自自身荷尔蒙与同学示范的“地下恋情”；以及陷在中国式高中里，是否还看得清明天，是否还能有一个健康女孩的一切梦想？

对自由有无数种定义，但没有一种定义叫“为所欲为”——即便皇帝也绝无这样的自由。人生而自由，但这个自由是人意志的自由、良智的自由。而我们今天在政治上追求的，是可以免除别人干扰我们私人领域的自由——譬如做梦的自由、信仰的自由。

有人说，被欲望控制不叫自由，能控制自己的欲望才叫自由。对此我只能一笑。因为“欲望”和“自由”一样是个太复杂的词语，它不是先天地就带有好坏之别，它只是在特定的语境下，才成为美好或者罪孽。人的本质从某一个方面讲就是“欲求”综合体：从食物、安全，一直到受人尊重，实现自我。你知道，这是心理学家马斯洛的理论。能控制低级欲望或不当欲望的，只能是一个更高级或更聪明的欲求，而不是其他抽象的“美德”。

能控制你在电影和作业之间优先完成作业，以及在想要恋爱的隐秘渴望与最终平静地保持矜持之间选择后者的，那只是因为你有更强烈、更重要的欲求：不能给老爸老妈丢脸，不能让自己在同学面前抬不起头，不能让老师来找麻烦……

但是，这些更聪明的需求也还只是消极的欲求。这些消极欲求里，有被爱的需要，有爱父母的愿望，有被尊重的需要……但还没有真正的自我实现的欲求。

也许这样讲是太奢侈了，我们怎么能够要求一个16周岁的，在中国式高中读高二的理科女生，有“成为自我实现者”的需要与动机呢？

不，话不能这样说。其实更早的时候，我们已经在你的心里埋下了未来的种子。

这些种子或者还未真正发芽，或者还只是小树苗；今天控制着你的，是另外一些事物，譬如荣辱随之而来的分数与名次，譬如父母的伤心与喜悦……但是那些种子存在着，而且我确信它们有一部分已经萌芽、成长。

我相信《丑小鸭》及其他的数千种翻版——包括《哈利·波特》《魔戒》或《西游记》，更不必说史铁生、泰戈尔、纪伯伦、海子们的卓越灵魂——我相信这些故事背后的深刻含义已经潜藏你心，不必确立什么样的志向，不必在当下就明确此生想做什么，想成为什么，而是你已经有了这样的一个念头：我这一生将注定不能平庸！

这与平等、民主完全没有关系。你将是一个公民，社会中的一员。但是这并非你的全部本质，芸芸众生中，你和其他所有人都本是独一无二的，只是有人忘记了或者抛弃了，只是有人逃避了或者厌倦了。

作为终有一死者，我们此生必得找到意义、价值，必得在自己的世界（这有限的时空）里创造出自己的绿洲、家园、纪念品。

作为终有一死者，我们必得从历史中汲取那最美丽的精华，享受生命所能享受的一切（但得按它的季节，按它的语境）：食物，爱情，文字，音乐，鲜花，大自然，伟人们的哲思，自己亲手创造出来的美好事物，以及亲人朋友们的欢呼，内在良知的安宁……

一切美好将如愿前来，如果我们足够认真，足够努力。

一切美好都有它合适的季节，一朵在别处春天开放的花，在我们所处的生态环境里或许得等到夏天开放才美丽动人。

超越一切的，确实还是“自由”二字：我们能决断自己的生命（生活），决定它朝向不同的方向，并将自己带到不同的未来！

意志、良知或精神的自由，这就是我们在自己体内能找到的至高神性，我们用它来驾驭一切希望、梦想、欲求……

今天夜里天空中的那轮明月，将是我们所在世界的绝对中心，它以清澈的光芒笼罩着这个世界的一切（悲喜、罪孽与神圣）。

希望它就是你的心（自由之良知），你将用这颗心照亮你的整个生命。

希望你就是一轮明月：照亮你自己的整个因缘世界。

老爸起草，老妈签名

2014年9月8日中秋节

或者，生命只是一首伟大而单纯的诗

——写在如云17岁生日

亲爱的如云：

昨天，你像候鸟一样飞回我们在罕台临时的“巢”，我其实也刚刚结束一段充满希望与疲惫的旅程，周游列国后，回到这个秋色已经提前笼罩的高原小镇。

很多年来，每逢你生日，我一直没有买过奢侈的礼品，而总是在电脑上打下一行行字，把它们交给今天的你，寄给未来的你——我总以为，这是用心编织的礼物，它无价。今年破例给你买了一台微软的Surface，加上身体也很有些不适，你老妈说：虽然遗憾，但还是算了吧，父女的感情，其实不一定是要用语言的。

是的，父女的感情是不需要用语言的，你年岁渐长，我在内心里已把你渐渐放飞，加上女性的平常话题，你也更适合去和母亲交谈。也不必要到我们在西安旅游你突然生病的那种时刻，才能重新发现我的关切。我只是习惯于隐忍，哪怕你的不足、偏颇，我都会认定这是你必须自己去经历、去探索、去自我纠正的内在旅程，指点与干预，可能都会让这个过程瓦解消失。是的，没人可以替你成长，成长永远无法避免犯错，以及纠错。我们的作用，最多是在纠错的过程中，帮你清理一下事情的来龙去脉，以及各种抉择所带来的不同的可能性，仅此而已。

今年是你的高三年，作为一个教育改革的践行者，对现行教育体制及应试教育真可谓五味杂陈，但许多话今天还不适合跟你讲，尤其不适合和身处高三的你讨论这些。理想啊，愿望啊，前途啊，甚至专业啊，职业啊，对今天一早起来就埋首题海的你而言都显得不合时宜。我所欣慰者，就是虽然你一样埋首题海，但你从容自如，不失幸福，依然保持着个性，也依然探索着犯一些小小的错误再一次次回归到内心……

但昨天晚餐时我们一家谈到你考试时的诗歌鉴赏，却不免让我有些遗憾和担心了。曾经，你在极小的时候，就有过相当细腻的诗歌感受力。这一来得益于我在你四五年级时的一段指导，二来得益于你和魏一言一道，在魏智渊老师的指导下阅读了《人间词话》。但昨天谈到《枫桥夜泊》的鉴赏时，你用张继“高考落榜”来解释这首诗，我忽然觉得很有些“不安”。

对《枫桥夜泊》这首诗的鉴赏，如果读过张晓风《不朽的失眠》一文，很难不被她所影响。因为这是一个优秀的艺术家隔着遥远的时空，对一个伟大艺术作品的一次极其精彩的误读——正确的解读只能成为诠释作品，不太可能成为艺术作品；解读而成为艺术作品，它几乎注定只能是一种误读。

没有任何历史证据能证明这首诗是张继落第之后的作品——事实上，在相当长的时间里，像杜甫这个人和他的全部诗作，像《春江花月夜》这首伟大的诗，世人都并不知道它们的杰出与伟大，更不会关心它们源自何处。在他们所处的那个时代，这个人和这首诗并不是被当成珍品来供奉与欣赏的，而仅仅是又一个写诗的人，写了一首别人还算看得上眼的诗作，被好事人收录进某个集子而已。张继们知道自己的伟大（指可能产生的影响力）吗？估计不知道。他们唯一知道的，是自己的不眠、自己的孤寂，是自己在某一天真诚地写下了自己真切的孤寂，以及这种孤寂的美丽。仅此而已。

已经非常零碎的历史信息恰恰告诉我们，张继并没“落第”，而是中了举（考中了进士，金榜题名了）。这首诗，基本上可以推算是中举之后的诗作，但与中举没有任何关系。所以张晓风的这段话，真可以说是非常美妙的谬解:“感谢上苍，如果没有落第的张继，诗的历史上便少了一首好诗，我们的某一种心情，就没有人来为我们一语道破。一千二百年过去了，那张长长的榜单上（就是张继挤不进去的那纸金榜）曾经出现过的状元是谁？哈！谁管他是谁？真正被记得的名字是‘落第者张继’。有人会记得那一届状元披红游街的盛景吗？不！我们只记得秋夜的客船上那个失意的人，以及他那场不朽的失眠。”

在张晓风这段话里，有一句话道出了诗的真谛:“我们的某一种心情，就没有人来为我们一语道破。”

千百年前，在高铁还没碾过中国的大地，在手机的信号还没弥漫中国的天空时，离别与思乡，曾经是每一个读书人、经商人、军旅人刻骨铭心的体验，或深或浅，但几乎所有人都能在无电视与网络的漫漫长夜里一字字地感受到:床前明月光，疑是地上霜。举头望明月，低头思故乡。

千百年前，在衣服还不是服装厂批量生产，由人们在淘宝上任意点购，由各种快递送到门前，而总是须由母亲一针一线缝之纫之的时代，母亲的形象，总是最深地定格在油灯下为即将远行的游子缝制衣服:慈母手中线，游子身上衣。临行密密缝，意恐迟迟归……

而更多伟大的诗，它们道出的已经不是普通人的生活体验，而是关注到生存意义的少数人的“存在感”。有些是直率地道出，如陈子昂的《登幽州台歌》:“前不见古人，后不见来者。念天地之悠悠，独怆然而涕下。”有些则是借着意象，营造出一个极其真切的意境，让你仿佛切身感受到那种寒意，那种清冷，那种绵长的孤独、透明的孤独、美丽的孤寂:“月落乌啼霜满天，江枫渔火对愁眠。姑苏城外寒山寺，夜半钟声到客船。”切己体味这首诗的话，就会发现景色颜色极其单纯，风景主要不是通过眼来营建的，它几乎就是透明的黑暗而已。重要的是时间、温度，以及声音——空间由声音界定，如此辽阔空旷；时间由声音界定，一个绵长的不眠之夜；心境和温度由声音界定，是孤寂也是安宁，是想在孤独的宇宙中呼喊，哪怕只为听到遥远的回声，但终于只是将这钟声一下下打入内心，酿成一首千万年化解不尽的孤独的诗歌。

并非只有孤独与苦闷才能写出诗歌，并非只有落第者才能写出诗歌。宋代有一个全国考试第一的大才子，写出了一首史上最有名的中秋诗——你知道了，对，我讲的就是苏轼和他的《水调歌头·明月几时有》。今天提起这首诗，是因为今天是中秋节，是你的生日，而且，正好这也是一首经常被误读的诗——一首被好事者胡乱添上写作背景而导致误读的诗。

关于这首诗的误读，最常见的一种就是认为苏轼当时因为被贬离京城，心情不免失落，而“我欲乘风归去”（去到高处不胜寒的琼楼玉宇）指的就是想回到朝廷做京官，但苏轼毕竟是苏轼，他终于排遣了郁闷，写下了这首美妙的诗歌。如此种种，多半胡说。

其实呢，苏轼这个极好玩的人，当时正沉醉在成为文学艺术家的美妙之中，他写这首诗，完全是挑战李白：你是谪仙，俺也是谪仙（而且我还不想归去）。你写举杯问明月，写出永恒的宇宙意识；我也一样举杯问明月，不仅要同样写出永恒的宇宙意识，还要替人世间写尽悲欢离合！

来看看苏轼挑战的李白的原诗《把酒问月》就能知道一切：

青天有月来几时？我今停杯一问之。
人攀明月不可得，月行却与人相随。
皎如飞镜临丹阙，绿烟灭尽清辉发。
但见宵从海上来，宁知晓向云间没。
白兔捣药秋复春，嫦娥孤栖与谁邻？
今人不见古时月，今月曾经照古人。
古人今人若流水，共看明月皆如此。
唯愿当歌对酒时，月光长照金樽里。

相似不？简直就是完全相同的结构！哪个更好？其实两个都是绝品，但无疑苏轼的更圆融，音韵也更美妙（这是宋词的特点）。

本来仿写别人的诗歌是一种不上档次的抄袭、剽窃行为，但挑明了要仿写，而且同样挑明了要在举世公认的诗歌之王的伟大作品之上更上层楼，这就是豪杰之举了！成功了，这必定万古不朽；不成功，可能成小丑，可能历史对之根本没有任何记忆。这样的问月挑战后来至少还有过一次，大词人辛弃疾挑战两位伟大的前辈，写得也相当不错，但显然并没有抵达、更没有超越苏轼创作《水调歌头》的这一时刻。

苏轼的挑战为什么会成功？因为他的生命正处于那种和李白相似的勃发之中，因为他的豪情与哲学思考正处于生命的巅峰，这是他诗人生命的又一处流溢、见证，满满都是他的快乐，他的骄傲，他的在众人的喧闹中鹤立的孤独（这种孤独显然完全不同于刚才《枫桥夜泊》式的孤独，这是仙的孤独，不是人的孤独），他的乐天，他的豁达，他对于宇宙哲理和人生哲理的自以为是的领悟……

无论是落第还是失恋导致了《枫桥夜泊》的产生，只要诗里没有提及这些，诗的真理就不是落第，不是失恋，而是诗歌内部呈现出来的境界，而不能归之于落第或者失恋。《枫桥夜泊》的真理，是存在无边无际的寂寥，是一颗敏感的心感受到这寂寥的无边无际。但它不能抽象为哲理或教条，它是一系列具体的物象，是温度、湿度、能见度，以及那自然中最凄凉的声音，和人类中最令人沉思的声音。

《枫桥夜泊》和《水调歌头》哪一首更好？

伟大的诗之间是不能简单比较的。我只能说，少年时，我更欣赏《水调歌头》，沉浸在那种不知所以然的骄傲和豁达中；中年之后，我更喜欢安静地吟哦起《枫桥夜泊》，而真的不再需要听众与观众，不再需要掌声与回声。

我们的存在仿佛一条曲折蜿蜒的河流，每一处都有它的特点，都有它此时此刻最深的感受，而总有一首诗能替我们道出这一感受，或者说，规定我们的感受。

如果没有诗歌可以道出，或者你不再接受诗歌对你感受的规定，那么你将有可能自己道出一种全新的存在感。是的，你将可能写出一首前所未有的伟大的诗作。

昨晚夜半之后，我在南明网络师范的一个鉴赏诗歌的群聊里，留下了几句讨论的碎片：

真，永远只能是诗心之真，是诗借诗人呈现的存在之真！

它与事实或背景没多大关系。

它既是诗人存在的真理深度（或浅度），也是我们阅读者涉足的一个新的存在之域。

存在本无意义（存在本是虚无），诗歌（艺术和真理，诗与思）就是赋予这虚无以意义者。

如淤泥中的莲花，如暗室中的火柴。

淤泥不死，莲花短暂；黑暗不死，光明短暂。

诗，真的诗，是这短暂的莲花和光明。

亲爱的如云，其实诗比上面讲得更单纯，它只需要用心体会、用心吟诵就能品到最甘醇的部分；但又比上面讲的要复杂得多，因为它的背后，是人类已经有过和即将呈现的全部存在的深度，以及在此之上的全部悲欢离合。

诗歌的技艺层面也有许多可玩味的东西，但从《诗经》到唐诗宋词，从唐诗宋词到鲁迅的《野草》，到朦胧诗派，到海子的诗歌，伟大诗作永恒不变的是关乎存在的真切感受，以及这种感受的新锐感、深切感。

我们的生命可能是一个伟大的故事，但无法是一首伟大的抒情诗——但我们生命最巅峰的时刻，则有可能与之相仿！

那么我们另外的生活，就有可能是对这首诗的准备，是无尽的练习——但未必刻意，更不能机械，以及对这首诗的怀想与追念。

张继何人哉？

我们记不起他的中举，记不起他的政绩，即便从历史的尘垢中考古般翻拣出这些，也仅仅是因为他是《枫桥夜泊》的作者。

但如果这样的诗作流失在岁月中，再没有后人记起，再没有后人知道曾有过这样的诗作（我相信历史上曾无数次地发生过类似的事情），这是不是意味着，一切全丧失了意义与价值？

这是多么深的遗憾，多么深的孤独啊。

但是，栖身于伟大作品中的诗人（画家、音乐家，乃至所有领域的开拓者），固然渴望当下的掌声和历史的回声，但他更清楚，最最重要的，是能不能抚平自己这颗不安的心。

一首伟大的诗，一个伟大的故事，就是生命对自己永恒的安抚。这一刻是永恒的见证，他本身已经永恒过，在很大的意义上，遗忘或者冷落已经并不重要，哪怕死亡亦是。

我们吟哦着前人的伟大诗作，诗丰富充沛了我们的生活，细腻了我们的感受，但我们未必要成为一个诗人。只不过我们总是存在于一个没有人替我们道说过，没有人替我们解决过，没有人替我们生活过的独一无二的这个时代。

我们总得自己生活：劳作是不可替代的，孤独是不可替代的，挫败和茫然是不可替代的——因为，荣耀和骄傲也是不可替代的。

用心感受诗歌，用心感受生活，直到有什么在心里奔涌，不可抑止地涌出，化为诗，化为画，化为化学物理公式，化为一款全新手机的设计，化为一座全新楼宇或公园的蓝图……

无论那时是孤独还是骄傲，那都将是我们对自己存在意义的答复，都是茫茫宇宙究竟有无意义的又一次见证。

老爸起草，老妈签名

2015年9月27日中秋

十八岁的意义

——致如云18岁生日

亲爱的如云：

军训还吃得消吧？低血糖没有在军训时发作吧？你在心理上对军训的适应或者不适应，都会让我忧虑：适应体制，或者不适应体制，都是喜忧参半的事。然而，和中考、高中、高考一样，既然你踏上了一条绝大多数中国孩子正在走的道路，也就意味着总有些在理想状态下本可以不必如此的事情，需要你去承受，需要你用自己更健康的心态去化解和超越。

譬如前几天送你去上大学。进到学校，未窥见大学的庄严神圣，却遭遇了凌乱和拥挤——但愿我们自己不是这凌乱和拥挤的一部分原因吧；如果环境许可，我们本也应该是其庄严、雅致的一部分。但今天的社会正处急躁、冒进的特殊时期，梦幻一般的校园，可能暂时还真的只能存在于梦幻。好在青春自有魔力，它会将天地重新打扮一番，它会将经历重新书写一番，也许未来在你或你某位同窗的笔下，这里会是世界上最美妙的角落，是你们创造力量的根源。希望能够如此。毕竟，重要的不是发生了什么事情，而是对事情的理解；重要的不是被抛在怎样的环境，而是对环境的感受。

身外的世界固然重要，但真正决定幸福与否、卓越与否、有价值与否的，却是内心，是一个包容了、解释着身外世界的心灵世界：一个存在的大全，一个心即宇宙的“无限自由心”。

这些年我经常对团队中的年轻人说：此心光明，则天地光明；此心黯淡，则宇宙黯淡。并不是说环境不重要，尤其对成长中的孩子来说，环境甚至比基因还重要。但是对一个人格成熟了的人来说，环境就是他的天命，是他需要去努力改变，或者见证他卓然不群的处境。是被环境左右，还是用文字、思想或其他行动改变环境，这就是人格成熟与否的证据。

从你小学的某一年起，每年你的生日为你写一封信，就是为了让你意识到自己的无限自由心，希望你能够超越任何环境，由自己决定生活的品位和人生的品质。

于是就这样一直写到了今年，这是最特殊的一个时刻：你 18 周岁了；你上大学了。

你奶奶 18 岁的时候，为人妻为人母了；你老妈 18 岁的时候，正式参加工作，成为一名教师了；你 18 岁的时候，踏入大学校门，依然是一名学生。有人说人类的童年随着文明的进展而在不断延长，这一点在我们家真是有最直观的见证。三代人不同的 18 岁，也正好说明人类并没有什么绝对的本质规定，生命是可以被书写为不同样子的自由。但无论哪一种书写样式，18 岁，都意味着“成人”或“成年”了，意味着长大了。这是生命中仅次于出生和死亡的最重大事件之一。

虽然如此，和往年一样，我给你的生日礼物，乃至入学礼物、成年礼物，依然只有几句话。

第一句话：你终于又有机会自由地、深度地阅读了；趁着还在青春的尾巴上，抓住灵魂还能自我塑造的黄金时期，多读几本经典好书，为你的一生的精神品质和思维品质，完成它的主体建筑吧。

正如你那天所说，回想起来，初中两年，高中三年，你的阅读不仅没有长足的进展，甚至就状态或灵感而言，还不如小学五、六年级和初一在家读书的那个时候呢。小学时，在海量阅读过童书、武侠、魔幻类书籍后，你已经可以兴发感动、痛快淋漓地阅读《吉檀迦利》《苏菲的世界》

等，而初一时阅读的《爱因斯坦的圣经》《人间词话》和《史记》等，本可以是一个非常理想的智力开端。但可惜随之而来的中考、高考让你的全部生命卷入了一场残酷的淘汰赛，而且要命的是这场比赛只求“公平”，只求在人群中寻找符合它设定的人（这公平吗），而不问如何让生命真正地丰富起来，精彩起来。虽然你取得了一张不错的入场券，而且整个中学生涯应该说过得还很不错，但错过深度阅读的这五年，整整五年在最好的智力状态下错过深度阅读，这无论如何都不能让我不深深遗憾。

而现在你提前自由了，在尚无足够准备的情况下，你自由了：你可以堕落，你可以随波逐流，你可以……

自由是一个空的杯子，世界为你准备了无数种茶、酒、水，由你自己斟酌。

但青春或大学只有一次机会，而这个空杯加上你为自己选择的饮品，也就成了你的生命。

上大学的那一天，我把刚刚读完的雅斯贝斯的《大学之理念》放进你的行囊，我说我希望你从这本书开始，开启你大学自由阅读的旅程。这本书仅仅是一个象征。我认为我们目前极少有甚至并没有真正意义上的大学，也很少真正意义上的大教授——那种人格与学识皆令人仰慕的伟大者。但是人类曾经有过，中国也曾经有过。雅斯贝斯有好几本书，能够把我们带回那些人类的辉煌时代，能够帮我们窥见理想大学的根本精神。

大学之大，既不在高楼大厦，也不在大树，甚至也不在于有所谓的大师，而在于有年轻或年迈的灵魂，毅然决定追随人类中最崇高者，走上那条寻找生命意义、人生真理的道路。而人生真理也并不总是那些深奥莫测的公式、格言，其实它也是一种对生命、对宇宙的诠释，一种更好的诠释，一种能让生命充沛起来，让人类善良与强大起来，让宇宙觉醒起来的诠释。与此同时，它并不讨厌美食、友谊、爱情，并不恐惧有意无意地浪费美好时光——把时光浪费在美好中，譬如发呆、郊游、聊天、做白日梦……

所以如果你感觉《大学之理念》还是深涩，你也可以从马斯洛的《动机与人格》开始，无论是有关“需要层次”的章节还是有关“自我实现”的章节（这本书不必一定按章节顺序阅读），都能够对我们的生命有极好的启发。结合着你已经阅读过的进化心理学、脑科学和基于生物研究的心理学，你可以更全面与深入地了解人性，也就是了解自己：自己的历史，自己还潜藏的可能性，尤其是自己的自由。

由此开始，人类无穷无尽的智慧等着你去开启和对话：无穷无尽只是为了让不同的生命寻找到自己最想要的道路，而不是每个生命需要去穷尽；而且，还有宗教、哲学等少数综合的视角，可以对这些无穷无尽做一个“磅礴万物而为一”的综览。

不要害怕，要贪婪，要欢喜。

要读经典，读原著，要直接和人类有史以来最精彩的灵魂对话。

第二句话：不要担心未来从事什么工作，而要担心找不到自己的热爱——哪怕这些热爱看起来都似乎和正儿八经的工作无关，也似乎并不是世界所需。

大学，最初只是“贵族素养”的培养之地，而不是“专业技术”的训练之所。所谓贵族素养，其实就是达到人类可见的高雅，探索人类可能的高贵。而当“百工”的技艺也通过大学来达到专业级别的时候，大学的宗旨就由探索人类的无限可能性，变成了按社会工作的需要来训练人。也就是说，大学从贵族降为平民，从理想降为现实，从雅致变为效率……

但这只是外在的流行症状，并不表示所有人都只能在这样的潮流中成为现实主义者。我以为，大学首先应该是一个人的“合法延缓期”（来自威廉·詹姆斯和埃里克森的心理学，你可以阅读相关原著，非常精彩），而不应该首先是一个人的“工作准备期”——这是各类专业技术学院的宗旨。

本来，你想选择的是心理学，目的不是成为心理治疗师，仅仅是为了通过它更深入地了解人的本质。后来碰巧你进了英语系，我觉得这个碰巧很好，因为它没有指向任何实际的工作，而只是向着另一个精彩的世界开放：它只是一座特别特别长的桥梁，通向的不是河对岸，而是另外一些国度，另外一些世界；你可以借助它走到更精彩的地方，和更精彩的人对话。

我是通过文言和翻译，通往辉煌的古代中国，窥见精彩的欧美世界的。而你可以双向游走，像林语堂、辜鸿铭或者傅雷们那样，成为两种文化的传译者，并在此过程中找到自己的位置，找到自己的语言。

当然，你有着比我能想得到的远为宽广的可能性，也许你的兴趣会通过这座桥梁指向艺术，或者通过它反而比在心理学系更深入地阅读心理学原著——这还真有可能，毕竟，我几乎没有读到过国内大师级的心理学文章，让我振奋的心理学著作，全是英语和德语世界传来的。

享受大学，就是享受自由——当然自由的边界仍然在那里：大学的学业仍然在那里，教科书仍然在那里。只是我始终相信，一个自觉穿越经典的人，在教科书的领域，只要没有专业级别应试的需要，总是能够游刃有余的。

而自由最大的回报就是在自由中找到自己所热爱的，让自己的生命被所热爱的充溢。自由与热爱就是生命最高的目的，它们不是为了效率而做准备。

而且我坚信，自由与热爱会带来创造——因为生命与历史处境是永远不会重复的，在自由中的创造，就是一个人可能给世界带来的最大贡献，而他自己也将因此赢得意义与回报。

第三句话：去结交精彩的人，去听精彩的讲座，去接近你所景仰的老师，去接近同龄人中最精彩者。如果有相关精彩人聚集的自由社团的话，去努力加入它。

我几乎在所有行业中，遇到过行业中最精彩者：精彩的厨师，精彩的商人，精彩的工艺师，精彩的艺术家和教师……

所谓精彩，就是把生命的尊严和美丽活出来，无论以艺术的方式，或者思想的方式、器具的方式、服务的方式、领导的方式。

这些精彩的人总是我们生命的最佳启迪者，他们告诉我们自己是谁——更重要的不是什么。

我年轻时也曾经追求过优美的文字，但遇到那些精彩的文字爱好者，我才知道优美不是我的天命，犀利才是。

终其一生，无论是在会稽山里过类似隐居的生活，还是在大城市和三教九流交往，我庆幸自己始终遭遇到或者能找到世界中的精彩者，并和他们交往。他们的精彩激励着我去寻找自己的本质，去充沛自己的可能性，去成为更精彩的自己以赢得“同类者”恒久的尊重。

精彩者的交往永远保留着彼此孤独的空间，他们不是彼此的情感抚慰者。

精彩者的交往，只是把自己生命中明亮的那部分展示给对方，让对方知道世界上有自己的“同类”，自己不是孤身一人。于是，在最孤独的独处中，他或她仍然知道自己的天命与方向，不会堕落到无所作为的平庸中。

就这样吧，既然18岁意味着成年了，我的话也就得适可而止；既然大学意味着自由，那么我路标性的指引也就到此为止，接下来得由你自己去探索。

台风来临，今晚无月，但打开一本能激励自己心志的书，就是打开一个完全光亮的世界，和身边的同学进行一场愉快的谈话，就是灵魂在探索中寻找到更好一点的自我。

去成长吧。

享受你的自由：哪怕它完全浪费掉，也必须让它成为一种真正的自由；哪怕它比高中更艰苦更辛劳，也必须让它是真正自由的抉择，而不是逼迫下的劳役。

老爸起草于晨山学校，老妈审阅通过

2016年9月15日，农历中秋

第三辑

思想的跑马场

国学何以可能

在绿皮火车上读梅洛－庞蒂的《知觉现象学》，很有启发，不时被打动。

忽然想，我一个中国教师，一个自称的儒家弟子，一个致力于创造中国本土课程体系的人，为什么要读这样的书？更要命的是，我不但在当代的中国文化学者那里极难获得类似的阅读体验，更不必说帮助我完成视界的开拓，而且连中国古代的经典，如果不是因为这些舶来品成为实际在场对话者（都在我脑海里发言），我也很难获得本真、深刻的领会！

那么我们在说的国学是什么？为了什么？

国学是不是意味着我们将独立发展、保存一种有别于“希腊—近代欧洲—现代欧美—当代世界”的学术传统，拥有自己独自发展下去的话语系统？

就像现在有人在《易经》和《黄帝内经》那里找到了新的身体科学，并将努力发展出不同于西方的医学系统？这类系统和西方医学是互相排斥、互不兼容的，彼此的鄙夷是命中注定的。

或者，是我们把传统的中医资源，融入现代医学，用科学的方式加以提炼（就像屠呦呦所做过的那样），使它成为现代医学中的贡献者？并在此基础上，保留它审美、艺术的部分，独立形成养生、健身、社交的中国养生文化？

我们的人文科学，是最终将创造出一个可以鄙夷西方人文传统的国学体系，还是将融入世界学术，成为未来世界学术的贡献者，基于中国的创造者？

于是我明白，我终将远离所有排斥世界的所谓的“国学”。我所努力的，是站在中国看世界，透过世界读中国，以及把中国的美好展示给世界，把世界的美好充沛进中国。用我自己说过的话，就是：“中国风，天下心！”

我所努力的，是把古代中国经典的美好和深邃带给现代人，用现代思想的优势，重新审视、理解、同情和感谢古代那些伟大的思想先人、行动先驱。

国学何以可能？

因为它是我们自己的过去，蕴含着辉煌的过去，而每一个辉煌里，必定有着需要去认真理解的真理。

因为它是我们走向世界的财富，通过对它的携带和破译，我们能够提供给世界不同于其他文化背景的视点，这是我们特有的，因此它将是世界的——只用西方的资源，我们几乎永远没有独创的可能。

国学何以可能？

因为“现代”和“中国”需要它来参与丰盈，而不是需要从世界退缩到中国，从现代逃避到过去。

什么是儒家的“存天理，灭人欲”

和许多儒家概念一样，“存天理，灭人欲”的口号既蛮横又有力，但流行的意思从来都不是倡导者的本义。

推崇这六个字的儒家大师朱熹举例解释说：饿了想食物是天理，想吃得好就是人欲。这是典型的越抹越黑。大概是朱熹同学看到畜生大都不讲究饮食，只有人特别讲究食物，所以才有此说。细读《论语》我们可以放心地得出一个结论：儒家创始人孔子先生和我们一样，也是个美食主义者。“食不厌精，脍不厌细”就是孔子的“餐”右铭。

进化心理学告诉我们，食物的香味、鲜味、美味，乃至于晶莹的色泽，都是食物新鲜而未变质的“信号”，对它们的喜爱，乃是进化过程中我们存储下来的生存密码，这绝对是“天理”！

但这难道不也是“人欲”？人欲难道不就是天理？

这就要回到一个古老的哲学传统，在这个传统里，凡“天赋的”“与生俱来的”“人人生而有之的”，就是“天”“自然”，而后天人为附加的，就是“人”“伪（人为）”。譬如牛马有鼻孔是“天”或“自然”，那个辔头就是人为的。想喝水、找水喝都是天理，打井、装自来水都是人为。也就是说，“天理”就是上天赋予的，譬如饮食男女，譬如健康家庭中子女对父母的敬爱，譬如健康社会中对工作的忠敬，等等，传统儒家认为这些都是生而有之的“天理”。

西方大哲学家康德似乎也同意这个观点，他关于内心的道德律的那段诗意的名言，完全是儒家想说而没能说出的。

但道家就完全不承认，尤其不能赞同仁义道德是先天的观点。道家认为人生来简单，善恶观念是外来的、后天的，正是它们把人弄复杂了，把社会搞混乱了。

其实大多数人即使觉得这些话解气，但内心深处也不赞同道家的观点。他们中的大多数会迟疑地说：也许人性是自私的，自私肯定是与生俱来的，哪怕善良等道德也是与生俱来的，那也没有自私更本源。

“人不为己，天诛地灭”，这口号似乎被无声地封杀着，大家都相信，但拒绝说出。问题是，“人不为己，天诛地灭”和“存天理，灭人欲”在哲学上根本没有矛盾！

如先所说，“天理”乃是人的先天之性，自私也罢，“为己”也罢，说到底就是满足和实现这个天理而已！为别人和为自己本来就不是一对天然冤家，我们的一餐一饮，是有多少人为自己也为我们而努力才能够越来越方便、越来越美味，而为了这一餐一饮，我们同样得真诚地为别人服务，才能获致。

问题只在“人欲”二字！必须严格地从一开始就拒绝把这个概念字面直译为“人的欲望”，必须严格按照哲学定义的方法，把它理解为后天形成的对自然天理构成了伤害的欲求。

回到饮食的比喻，因童年漫长的饥饿感而带来的贪吃、暴食，这是“人欲”。举而广之：斤斤计较、爱占小便宜是人欲；极度不安全，渴望通过占有来获得安全感是人欲；天天想听赞扬是人欲……

每一个扭曲的人欲背后，是一个正常的天理得不到善意照顾的故事。

以此，存天理就是做一个健康人，灭人欲就是通过心理治疗让自己在道德生活中更健康。

但，天理（健康欲望）是复数而不是单数，天理间的斗争也就是内心的诸神之争，它们就只有和谐而无争斗吗？

希腊神话告诉我们，人性并没有这样简单！

解释学的自我辩护

我自己所用的解释学的自我辩护。

四种基本的解释学立场（姿态），我将其特征极端化夸大了以便考察：

古典主义解释学——文本有固定且唯一的正确意义，阅读能够抵达这一意义。

解放主义解释学——文本是由比作者意识更深层的意识形态、历史形态所控制的某种装饰、辩护，阅读应该揭露其伪饰、掩盖的事实。

激进主义解释学——文本从书写之时起，意义就是无法确定的，它一直延异着，流动着，解读就是进入一种语义的创造游戏。

中庸主义解释学——文本是自足的意义体，但它有无绝对意义只能悬置不论，一切理解皆取决于理解者的理解（前有前见），最终只能是特定语境下的理解者参与文本游戏的结果。

说理解根本上不是技术的，而是存在的真理性，就是从理解者的前有前见，以及此刻的真理性最终决定理解是否可能而言的，并不表示具体的理解过程中不存在技术、反对技术、不需要技术。而仅仅强调，技术本身无法达到合宜的理解，没有任何一种技术能够确保理解得以可能。

譬如日常语文教育中常见的写作背景法，究竟要不要引入背景，引入什么背景，它是由理解者的对文本的原初理解所决定的，而不是背景法本身能够带来答案。

其他一切皆是。

四种解释学立场本身不会把我们带向它宣称的目标，尤其是对古典解释主义而言，它从来没有实现过它的目的。所以，此种解释学仅仅是一种目标、意图、宣言，或者对解释实践的理解。

另外三种解释学，也同样如此。

但是，任何一种解释学，都有比较成功的、典型的解读范例。

譬如，确实存在着对某些文本几乎无异议的理解，确实存在着开放的文本游戏并且由理解者赋予全新的意义，确实存在着成功的意识形态批判……

理解、解释、诠释，对人的存在是根本性的，人是理解着、能理解的存在，理解停止时，此在归于虚无。

我们还可以用另外的概念来讨论理解，譬如互文，譬如结构与解构……

所以我再自我强调一遍，我的解释哲学或解释立场，是海－伽[①]这一路的，不妨称为中庸解释学。但我解释的武器库里，备存着包含心理分析、原型分析、结构主义、解构主义、意象意境等各派解释实践中的武器。

而且，有时候我也会在特定目标下，努力使一个具体的解读接近古典主义，或解放主义、激进主义，即接近本义、批判潜意识、开放文本进入创造性游戏，但这只是目标论意义上的，对文本理解的哲学而言，此时我仍然是中庸解释学的。这并无矛盾，如果能够明白不同的词汇只是在不同的层面起作用的话。

① 海德格尔与伽达默尔。

重返天真

“当世界年纪还小的时候，大多数事物还没有名字，人们提到它们的时候，只能指指点点……”

这是我们假定的一个人类状态。从逻辑上说，它必定存在过，否则万物的名字，怎么可能一下子从无到有、凭空冒出？

但事实上没有人能够经历这样的天真时代。人的生命太短暂，历史太漫长，一个最长寿的人，一生能够遭遇、需要指指点点新事物的数量也是非常有限的。

一个人，要么生活在语言匮乏的手语时代，要么生活在语言泛滥的词语时代，并没有机会穿越前者到后者的整个历史。

只有在神话和童话里，譬如伊甸园里，作为人类始祖的亚当，才有资格为万物命名。可是万物更多创生于亚当之后，源于智慧果的力量——也许为万物命名就是人类最大的智慧。

人类始终在创造事物并为事物命名。从“箭矢”到“航天飞机”，从“竹简”到“简书”，从“书信”到“微信”……我们今天比历史上的任何一个亚当更忙碌：忙着创造事物，忙着为创造物命名。哪怕是发现，借助着显微镜、天文望远镜，我们也比任何一个过去的亚当更能遭遇到尚未命名之物：不只是新的大陆，乃是新的星系；不只是新的事物，乃是新的元素。

我们仍然处于人类的天真时代，无须重返？也许就是这样，但这说的是“我们”——“我们”中的大多数个体却并没有这个机会或者兴趣，他们忙着记忆无数名字——那已经够他们忙几辈子了。

重申一下我的观点：就人类来说，始终处于自己的天真年代，万物创生，不断命名；就个体而言，名字太多，来不及记忆，更谈不上参与创生和命名。当我们踏上一片土地，遭遇许多事物，我们会习惯性地询问：它叫什么？有了谷歌和百度，询问事物已有的名字将更加成为制度化的习惯。

但如果没有人告诉我们万物的名字呢？或者，我们并不承认它就是那事物该有的名字呢？凭什么树只能叫树，而不能叫鱼？凭什么那盆山上来的兰花从此叫作“宋梅”，而不是“清荷”呢？

于是，对金子美铃这个安静的日本女子来说，就有了《草的名字》：

人们知道的草的名字
我一个也不知道
人们不知道的草的名字
我却全部都知道
因为这是我给它们起的名呀
给喜欢的草起喜欢的名字
人们都知道的草的名字
那一定也是谁给起的吧
因为知道它们真正名字的
也只有天上的太阳吧
所以我就这么叫它们
用我喜欢的名字叫它们

“道可道，非常道；名可名，非常名。”

我就是喜欢用《草的名字》去向孩子诠释《道德经》第一章的哲理。唯在此刻，重返天真。我们仍然是亚当和夏娃（我相信，草木和庄稼的名字，更多是夏娃们的杰作），需要为万物命名：如果一个名字是一种真理，如果一种命名表达了我们和万物的关系。

中国本不叫中国，它叫唐，叫宋，叫明，叫清……一百多年前才叫作中国，而从政权的层面上它叫过中华民国，现在叫中华人民共和国。而当我们如是称呼它为“中国”时，仿佛这名字我们已经深情呼唤千万年，仿佛“宅兹中国”说的就是这片东临大海、西入高原的土地。

重返天真，就是给每一道河流每一座山川取一个温暖的名字。譬如教育，它可以叫“全人之美”，可以是“晨诵·午读·暮省”，可以是“过一种幸福完整的教育生活，做一个自我实现着的自由人”。

儿童哲学家

孩子向万物发问，并渴望着世界回答。

从“大学”的高度看过去，孩子的问题可以分为两类：生活的，性命的；见闻的，遐想的；可以由科学回答的，需要哲学尝试回答的；形而下的，形而上的……当然孩子并不知道自己的问题还需要分类，他们是孔子和苏格拉底以前的哲学家，只知道好奇、惊奇，不懂得把心灵的宇宙分开。

第一类问题，最多的是“它叫什么名字”。

孩子本可以像亚当一样，由自己为万物命名。但他在人类时间里出生得太晚，所以只能接受先人的命名。这是接受一份丰厚的馈赠，也是被夺去了一份创造的自由。道路平坦了，心智一下子跃升到知晓万物的境界——但这个知晓里尚无领悟。

作为原初科学家和原初哲学家的儿童，不会因“剥夺命名”而丧失好奇与追问。他继续发问：燕子为什么要飞？（会不会飞好像很平常，要不要飞，却不是我们成人理解的“想不想”。）太阳下山了之后干什么去了？影子为什么不肯离开？影子晚上到哪里去了？影子爸爸给影子孩子讲故事吗？影子是我（我的）吗？就像我的手属于我。没有了手，我还是我吗？没有了什么我不再是我？我长大了之后，还是我吗？

哦，最后几个问题已经属于我们眼里的第二类问题。

孩子是自私的吗？——这是我的问题，不是孩子在发问。

孩子从“懵懵懂懂”，到慢慢意识到自私、奉献、公平交换、契约，这里会有多少个道德哲学问题？向谁提问？由谁回答？

孩子会遭遇死亡，并产生萦绕他心灵久久不去的“死亡恐惧”。作为哲学，这类问题可以表述为：

人一定会死吗？神仙真的不死吗？死了之后，我在哪里？如果我的身体留在这里，那么我的快乐又会在哪里？世界上还在发生的一切还有意思吗？

成人总会用善意的谎言，或者冰冷的科学加上温情的糖水，尽快解决孩子的问题。

是的，成人麻烦于孩子的第一类问题，恐惧于孩子的第二类问题。这曾是困扰我们童年的问题，我们的“大人”成功地用强力线把它们缝起来，终其一生，我们没有真正独立、深入地思考过这类形而上的根本问题。

但孩子发问了，并以为这个世界已经有了答案。

科学问题，这个世界有了极佳的答案，虽然它们永远是可以不断被修正的。

哲学问题，这个世界有无数个答案，每一个真诚的解答者都在他自己的历史里寻找到了真理，但离开了那个特定的时空，答案就不再对别人有效。于是，他留下的是线索，是密码，是神奇和神圣的碎片，不是现成的答案。

儿童哲学家，需要用一生来自己回答自己的提问，而他正好拥有一生，不需要代劳，只需要一样提问着、寻找着、试着回答的同行人。

譬如我，以及你。

我们也正困惑，纵然翻遍所有哲学名著，纵然智者和圣贤们无数次启迪了我们的灵感，但是这类问题的性质决定了每个人必须在自己的处境里由自己回答——就像王阳明的龙场悟道和“此心光明，亦复何言”。

今天，我们读《论语》

2019 年 10 月 1 日，我们——一群来自天南海北、带着南腔北调的教育人——相聚杭州白鹤山谷里书院，进行为期一周的特殊研修：关闭手机，彼此驯养，静心研读。

此处山长（书院院长）张祖庆，乃是小语界翘楚，课堂、述作、待人处世，均足为人师，何况伴读。

大家打开的第一本书，乃是《论语》。

为什么是《论语》？因为它是文化中国真正的奠基者，堪称东方文化的根本基因。

但是，历史的尘埃并无例外，它同样蒙盖于《论语》之上，无数苦心孤诣的解读，在开启读者视野的同时，也把偏见、见障夹带给了后来者。

所以我们追求的阅读，乃是去蔽式的阅读，一次正本溯源的努力。

我们知道，最后我们终将形成属于自己的偏见，但至少，我们开始学会去本真地看，本真地读，能够自觉地悬置各种解读成见，努力靠近孔子本人，甚至，在这样的努力中，一次次遭遇名曰孔子的真理——即使是历史的背影，也是我们努力的结果。

此地只有崇山峻岭、茂林修竹，溪流潺潺，白鹭悠悠。

但山色、天色、美色，无非是“色即是空”的空相之色。

唯《论语》不是，孔子不是，求道之心不是。

相同者的永恒轮回，乃是自由之心的觉悟，不是自然万物随波逐流。

求道之心，不拘于眼前声色，却可以借助于山水草木，追问此在意义，道说天地和万物与此在的原初因缘。

有时候，一个字的去蔽，就是整个历史世界的重建。

通过“帝”的溯源，我们认识到古老的结绳记事里的祖先崇拜，认识到远古民族在大地上的变迁：姓氏就像一粒粒饱满的种子，直到大地上所有的荒芜都转化为粮食、诗歌、爱情，以及形形色色的英雄主义。

通过“色”的训诂，我们终于把“好德如好色”、少年“戒之在色”还原到孔子的语境，清除了从孟子、司马迁时代起就被遮蔽的误读。

更重要的是窥见孔子这个人，这个活生生的人，这个用他素朴的话语奠定一个民族的命运，决定了我们创造和自我束缚之可能性的罕见者。

于是我们重新发现“三十而立”的奥秘，孔子凭礼的艺术把握，闻达于诸侯，雪野凭童诗站立，窦桂梅凭课堂艺术矗立……我们又凭什么立于人类社群、立于天地万物之间？

于是我们反思：今天，什么诱惑着、迷惑着我们，让我们迷失了初心，一天天地油腻起来而欲罢不能？

于是我们以孔子的天命为榜样，追问自己的天命——如果终其一生，天命竟未曾降临我身，那这又意味着什么？！

还有耳顺，也就是我们如何，以及为何终于能够听到批评，而不再感到刺耳？

还有“中庸”，还有“仁道”，还有“禮樂”——请原谅，我认为繁体字更能体现礼乐这两个字的灵魂，我们想要还原的，是当年孔子面对它们时的庄严和谐和。

这是第一天，一本书刚刚打开，以一种“寻根问底”的方式，以一种古典的方法，也是一种全新的、思辨的、研究的方法，打开一本书，乃至打开一切召唤我们的经典。

《侍坐》里的儒家政治学

《侍坐》是语录体《论语》里少有的“讲故事”，而且讲得很完整、很生动，似乎经过了精心剪裁。

有人认为，孔子的哂笑表达了他对子路的偏见，也抑制了弟子们的畅所欲言，所以这个对话从一开始就不甚理想。

我认为，《侍坐》既逼真地刻画了孔子师生每个人清晰、一贯的形象，又蕴含了早期儒家的政治学主张。孔子的哂笑只是政治学主张激烈冲突的低烈度表达，也是对一个特殊学生的因材施教，后面几个学生的发言，除冉求邦国的大小可能受到子路发言影响外，都并未受到孔子哂笑的影响，而做出了消极发言。四个学生都真诚地表达了自己的政治主张，孔子无论是课堂上的表现，还是课后的评价，都是极其精当的。

对此，我们需要做一些必要的细读分析。

> 子路、曾皙、冉有、公西华侍坐。子曰：“以吾一日长乎尔，毋吾以也。居则曰：‘不吾知也。’如或知尔，则何以哉？”

这个对话的开端，就是孔子提出：假设有诸侯赏识，大家认为自己能做什么。这个假设限制了回答必须在“政治能力”和“施政方向”的语境内思考问题，而不是个人其他的志趣、理想。四个人的回答，也都需要从这个限定来理解。

孔子为什么会提出这个问题？因为早期来投奔孔子的学生，绝大多数有明确的诉求：学而优则仕，通过跟随名人孔子，学习贵族的修养和士人的本事，能效力于各诸侯。

孔子本人，自十五岁立志以来，三十来岁以熟习周礼而被世人所知，从此他就一直想寻找机会服务于某个邦国，为此不惜颠沛流离，周游列国，直到五六十岁，才在流浪的途中志向升级，用超越的眼光来重新认识从政的真谛，以及方法。

和《论语》中许多处一样，子路（子由）是第一个率先回答的："千乘之国，摄乎大国之间，加之以师旅，因之以饥馑；由也为之，比及三年，可使有勇，且知方也。"

显然这是个英雄主义的回答，最多称得上是一个将军、元帅、兵部尚书、军事部长的回答。

他描述一个国家的处境，就是以这个国家拥有核心武器的多少为标准的。类似今天有多少军舰、战机和坦克，当时是以有多少战车（乘）作为实力依据的。

千乘之国有多大？一乘，就是一辆由四匹马拉动的战车。依据一种统计法，据说车上有甲士三人，车下配有步卒数十，还需要后勤保障人员若干。千乘之国，就是有数十万战士，放在春秋时代，这已经是一个中等规模的邦国了。这是子路施政的基础，国家太小就只能做烈士，太大就显不出自己的本事。现在这个国家周旋于敌对的大国之间，不时有边境冲突，国内经济也并不景气——这样的情景我们很熟悉，也许昨天的中国就颇有些类似。子路说，他有本事用三年时间让大家具有战斗抗敌的勇气，而且严守纪律。

对这样的回答，孔子能怎么办？言说是自由的，而且是前面孔子自己强调了要率性发言的。但孔子如果表示赞许，那么儒家政治学的根基就产生了动摇。所以，"夫子哂之"。孔子后来私下解释说："为国以礼，其言不让，是故哂之。"后人只意识到"其言不让"是与"为国以礼"相冲突的，认为孔子在批评子路的傲慢态度，其实孔子真正的批评在于"为国以礼”这四字，为国以礼，讲的是“应然”——应当用“礼”来治理国家，但此处子路的施政方针有一个礼字吗？完全没有，他讲的是“兵”，追求的是一种异常处境中的英雄主义，而不是一个国家的长远福祉。

当然，一个理想的邦国是必然有军事力量的，子路的能力也不仅仅限于此，所以事实上孔子还多次向有权力的上层推荐过子路。

第二个发言的是冉有（冉求）。通过《论语》，我们知道他是一个政治才能特别突出，但较多现实主义的人，也是孔子弟子中很受诸侯欢迎、官运亨通的一个。我们甚至可以说，他身上很有些管仲和晏婴的味道。冉求回答说：“方六七十，如五六十，求也为之，比及三年，可使足民。如其礼乐，以俟君子。”

冉求的政治主张就是经济为先，这也是当前各文明国家政治领袖们的核心主张。冉求为什么不说是大国？对现实主义的冉求而言，这既是因为他愿意像周朝各诸侯发家时候那样一点点做起，又是因为他看中的就是身边的鲁国，甚至是鲁国里面各大夫们的封地。冉求说“如其礼乐，以俟君子”，既是诚恳地认为自己在同学中并非善于礼乐，又是含蓄地认为礼乐并不是迫切与基础之事，但他从来没有否定礼乐的重要性。冉求的发言，是一个总理的理想，说了财政部长的话。

因为在实际施政的过程中，冉求经常会在现实与理想之间的冲突中偏向现实，所以他也没少被孔子批判。孔子多次表扬他的才能，但对他为现实而放弃原则做出妥协的做法，孔子有时甚至会表现出罕有的愤怒。

第三个发言的是公西赤（公西华、公西子华）。他说：“非曰能之，愿学焉。宗庙之事，如会同，端章甫，愿为小相焉。”

首先，和另外三个侍坐的同学不同，公西赤属于孔门“后进”，另三位属于孔门“先进”。这从侍坐的位置编排或者说叙事开端的姓名排序中也可以隐约看出。孔子说自己的弟子先进门的一批能干事，但涵养有所不足，后进门的弟子们能力与涵养兼备——但做事能力还是先进（先进门的弟子）更强一些。所以公西赤说自己“非曰能之，愿学焉”，因为他确实太年轻了，这个姿态是最合适的。然后，他说了自己理想中的施政才能与为政方向，那就是“宗庙”和“会同”——宗庙就是以祭祀为中心的内政，也就是确定国家中各级官员的责任与权限；会同就是和其他诸侯国进行有理有据、互敬互惠的外交。事实上，这就是周朝和春秋时期“礼”字的本义，它不是礼貌，而是包含国家宗教、政治、道德、文化、风俗、外交等在内的一套规范。尊崇周礼，就是强调周朝的宗教、法律体系的主导地位。

我们知道，这就是孔子本人的政治思想。所以孔子事后评论说：“宗庙会同，非诸侯而何？赤也为之小，孰能为之大？”他的意思是，国家无分大小，人民的福祉来源于国内外的和平，而这就是宗庙和会同的积极意义。有人说公西赤有外交才能，是个理想的外交部长，这显然是有所误会，这恰恰才是孔子心目中总理们应该关心的事——美国的国务卿一职，大致就是扮演这个角色。

至于国家大小之辩，放在今天，他可能会说：难道瑞士不是国家？难道新加坡不是国家？难道只有治理美国、中国或俄罗斯才算得上治理国家？

既然公西赤已经清晰表述了孔子的儒家政治立场，故事本应该就此结束，为什么还有个最精彩的插曲？

孔子问曾皙（曾点）：“点，尔何如？”

曾皙没有马上回答，而是“鼓瑟希，铿尔”，然后才“舍瑟而作”，但也没直接说自己的政治理想，却说：“异乎三子者之撰。”

为什么曾皙没有直接回答，却要说“和三位同学所说的很不相同”？本来各人所说的就是不一样的，但曾皙所说的不同，却是有本质上的不同——这是一种全新的政治学。

在孔子的鼓励下，曾皙才诗意地描绘了自己的理想：“莫春者，春服既成，冠者五六人，童子六七人，浴乎沂，风乎舞雩，咏而归。”

什么？这明明不是施政方针，根本没有什么政治举措啊？这最多不过是一个教育部长在工作之余的一点情怀流露罢了。

可是孔子却喟然叹曰：“吾与点也。”

孔子明明白白地告诉大家，这就是我的政治理想！

前文我们刚刚说过，公西赤所表述的，就是孔子本身的政治主张，这是一个年轻好学，极其尊敬老师的学生，我们相信，他的政治主张主要来自孔子，而不是自己的领悟。但是为什么此处孔子说自己完全和曾皙相一致呢？

我曾在分析孔子生平时，结合孔子自己的话，以及历史上的一些证据，论证孔子是在五六十岁颠沛流离的过程中，意识到自己的“天命”就是通过礼乐教化人民，尤其是人民中的年轻人，而这就是最佳的政治道路，是不需要君王授予的伟大道路。

这一领悟，不仅让孔子成为人类历史上第一个具有普遍意义的伟大教师，而且也让孔子成为中国人心目中的“素王”（也就是无冕之王）。如果这算不上是政治，那么什么才是政治？

这一场对话里，有军事主张，有经济主张，有宪政和和平外交主张，更有新颖独特的以教育为政的主张。每个人都真诚地表述了自己的发言，除了子路的率真，大家都准确地把握住了周围语境中的分寸感。而孔子面对完全的异见，也仅仅轻微地表示了异议，他让所有学生各抒己见，形成一个不同观点的碰撞交流之场。孔子固然也通过赞许和哂笑，对这些观点施加了儒家的影响，但是他并没有压制言论。

这是一场极其精彩的教学。

这是一个极其经典的叙事。

在这里，蕴含着一种令人肃然起敬的儒家政治学。

自然：知识的浪漫起点，人类的金色摇篮

也许我们这一代人最大的幸运，就是几乎完整地穿越了人类数千年文明进程的几种主要形态：从蜡烛、油灯时代，到白炽灯，再到今天的不夜城；从亲自用脚踩木式抽水机灌溉，到今天一边农业机械化，一边食用着遥远的泰国运来的大米；从邮递员用绿色的自行车送来书信，到今天一部手机就兼具当年影院、邮局、图书馆、银行等诸多功能而且还远不止此……但在这几级人类文明的阶梯里，我们最喜爱的究竟是哪一级呢？

进步显而易见，怀旧只是每一代老人对自己童年做不必要的留恋。露天电影院之所以在某些人看来如此美好，称之为“天堂电影院”，那只是因为那里有他们的童年和少年，一生中最美好的时光。但对于今天和未来的孩子，它不过是过时了的影视载体，和它所播放的大多数电影一样，缺乏魅力。

今天频频带孩子到农村、到大自然中去的父母和教师，很少有卢梭式的思想自觉：知道自然在教育中意味着什么，知道为什么教育（尤其是某个阶段的教育）必须回到自然中去。《爱弥儿》开卷就说：“出自造物主之手的东西，都是好的，而一到了人的手里，就全变坏了。他要强使一种土地滋生另一种土地上的东西，强使一种树木结出另一种树木的果实；他将气候、风雨、季节搞得混乱不清……”

基于此，卢梭认为，一个人生命最合适的起点是乡村而不是城市，他说：“城市是坑陷人类的深渊。经过几代人之后，人种就要消灭或退化；

必须使人类得到更新，而能够更新人类的，往往是乡村。因此，把你们的孩子送到乡村去，可以说，他们在那里自然地就能够使自己得到更生的，并且可以恢复他们在人口过多的地方的污浊空气中失去的精力。”

卢梭式的“危言耸听”，在中国文化的开端处，就由《道德经》等书籍以哲学的方式说出。几千年来，人们一直没有采纳这些危言耸听，这一定有它的原因；而人类也一直把这些话当成无用的珍宝珍藏，而不曾完全丢弃，这也一定有它的道理。

如果用今天的科学成果和科学方式来重新说出，这些观点的利弊或许能够看得更清楚。

人这个物种“诞生”于一两百万年前的非洲稀疏大草原，我们的诸多习惯已经在那一刻永久地被选择和保存。城市起源于约一万年前，虽然是我们依据自己的“喜好”创造了城市，但我们热爱平坦的草原，最多只能记住几个人的名字和面孔，喜欢火烤食物的味道，喜欢刚刚摘下的水果的甘甜，以及，我们本能地害怕蛇，即使从来没被咬过，而对每天有车祸发生的汽车却没有这种恐惧（因为不怕蛇的早已经在百万年前淘汰出局）……所有这一切，都表明我们人类依然是自然之子、草原之子，而不是城市之子。

爱草原和乡村，就是基因里写着的本能，就像我们爱芬芳、甘甜、温暖和光明一样。这一切让我们舒适，这就是目的本身，是我们所想要的，这已经是很充分的理由。但这只是人类童年时期的伊甸园，而人类事实上已经走出了伊甸园。这种怀旧和回归固然需要被适度满足，但这并不表示，回到那里就解决了人类的问题，是人类最根本与最重要的追求。

事实是我们既回不去了，而且也并不是真正想要回去。我们创造了城市，创造了机械，创造了电子信息，创造了互联网……即使我们的基因依然是自然之子，但我们的自由与选择权，让我们有权利做出选择：一边无限怀旧，一边决不再回到童年（伊甸园）。

然而并没有这样简单，至少对教育和知识而言，自然还有另一层更重要的意义：绝大多数人类的知识起源于人类的乡村时期，虽然在现代化也就是城市化的过程中，它们才真正成长为科学，但是它们的根柢依然扎在田野里。

当我写下“世界”，“世”依然源自结绳记事的“三十”，“界”依然源自耕地的边界；当我写下“夫妻”，“夫”依然是一个插着头簪的男人，“妻”依然是梳理长发的女子。面积，依然根源于耕地的测量；方向，依然不是城市的道路指示，而是人类在太阳底下的生存技能；生物技术，并不起源于生物学家们，任何一种庄稼和家畜，都是人类千百万年选择的结果——早在达尔文提出物种起源之前。

也就是说，知识源自自然和乡村，它的根还在那里并且依然在起着作用：天文地理在那里，历史也在那里而并不在城市的博物馆里，诗人们吟诵创作的场景在那里……那里是哲学家胡塞尔和海德格尔们所说的“生活世界”，是知识诞生但还没有精确化、精细化的“智慧场”。

如果知识也有一个怀特海所称的“浪漫、精确、综合”的过程，那么自然与乡村，就是人类知识的浪漫时期。浪漫时期的知识是丰富而幼稚的，是天真的，是相互融合难以区分的，是不够成熟更不够精细的。

现在，自然对我们的教育有了两重意义：它既是人类天性喜爱的伊甸园，是人类对童年美好记忆的回归，又是人类尊严的象征——知识的起源之所。我们为了喜欢而爱自然，也为了洞察知识的起源与本质，或者说不丧失它的源头活水，而重视自然。只强调前者的，滋生出以休闲、享受和消费为宗旨的回归自然；只强调后者的，滋生出诸多以自然为研究对象的学科课程。而这二者的区分本身就是“非自然的”，是典型的现代思维。正如我们所知道的那样，在自然和乡村阶段，它们是未曾区分的。

于是，回归自然的教育，就意味着同时注意到自然作为人类之源、知识之源的双重意义，也就是说，自然对我们而言既是快乐与意义之源，又是力量与方法之源。但人类可能已经注定会生于自然、长于城市、葬于太空。强调这个“源”，并不是要回到过去，而是说“从自然开始”对每一个人意义非凡，那意味着他可以从自己的根源处开始无限与自由地发展。

随缘诠释横渠四句

2020年8月8日，西安知无知五周年庆典，恰逢关学创始人张载先生诞生1000周年纪念年，并喜为囍。应邀在知无知创始人谌洪果老师主题演讲《重返理性》之后，上台与谌洪果老师、袁凌老师对话。在对话中，我强调了审辨应当作为理性的共识基础部分，并随缘诠释了张载先生著名的横渠四句——哪个中国文化人不爱这四句？

刚才袁祖社院长讲到我们现在共同的价值尺度没有了，很遗憾没有出现一种能够一统天下的思想。其实我持相反的观点。我很庆幸我们这个时代无论多糟糕，但至少有一点是好的，什么是好的？没有一种思想统一天下。（众笑）

刚才袁老师讲的一点是我很赞同的，就是大家在因三观不合而争吵。但是这事情我并不反对，因为每一群人都有自己的立场，都有自己的经典作为自己的背景。一些人是读这些书长大的，自立一帮，他们的背景、起点是这样的，而另一些人读的可能是谁谁的，反正每一派都在摇旗呐喊。可他们都是在"为往圣继绝学"。

那么理性是什么？这些东西都是从理性而来。所以最后要诉诸的就是我刚才所说的每个人天赋人权的"审辨"能力。这样一来，我们不是需要大家去寻找一个统一的思想，我们是需要运用我们的理性去寻找一个最低限度、最低共识的对话平台。也就是说，我们不需要过多的共识和共同思想，而只需要运用人人天赋所具有的理性（审辨力）来建设这么一个公共平台，由此而来开启共同的生活。

这个平台从何而来？我觉得张载说得真好。

第一个，就是它的自然合法性，或者说神圣合法性、神性合法性，“为天地立心”。真理必须来自那里。首先，大家为一个虚的、不存在的“天地”立心。一旦诉诸天地和上帝，我们就知道，其实谁也不能代表天地和上帝，但仍要从天地和上帝开始说话，为什么？强调了它的超越性，强调了它的绝对性。但是上帝不说话，天地不说话，那谁替天地说话，为天地立心？在横渠四句中，最打动我、对我冲击最大的就是，每句话的开头都是“为”，是谁在“为”？这就是我们人的主体性。但是人的主体性不要过度高扬，我们是在为“天地”立心，所以它的神圣合法性是我们替天地立心，我们人就是天地之心。人是替天地在说话，可是你的合法性在哪里？这样就需要一种人人皆明的自明性，它是一种公理，是所有的人能够本着孔子所说的推己及人、己所不欲勿施于人这些原则所道出的那种自明性，也是胡塞尔所说的那种自明性，豁然开朗的一种真理性。这就是刚才所说的基于我们人性的最低的真理、最基础的共识。这是我对横渠四句第一句话的理解。

当然我认为第二句话更牛，“为生民立命”。立法的真理性、真实的真理性来自哪里？真实的真理性也就是说，我们站在这片土地上，是不是为所有的人民、人类谋求着他们存在的意义与价值，包括现世的幸福。这是一个包括我们党的政策合法性在内的标准，用杜威、詹姆斯的实用主义标准来说，一切理论、一切知识都无非是工具。要检验这个工具是否正确，就要放在现实之中检验一下，如果可行，至少在这个处境之中它是对的，是真理。但这就会有矛盾，因为美国人站在美国人的立场，中国人站在中国人的立场，所以难免两个国家之间就会产生摩擦——可是我们都是人，而不是人与外星人，所以我们依然有共同的起点。哪怕是人与外星人，我们也都是生命；就算我们是人与机器人，我们也都是智慧体。我们总能寻找到最后的、最低的共识。而运用这一切的是什么？是理性。

真理来自共同体的确认，这也就是"为往圣继绝学"，而我跟谌老师两个人最大的差异就在这里了。所有的往圣，是谌老师非常非常钟爱的，也是我非常非常敬畏的，我们两个人都爱读某些书。但是我们两个人也有不同点，我们不仅有不同的经典爱好，而且在读经典的时候态度也并不完全相同。谌老师是古典加神圣解释的，是从圣经解释学而来的。我们好几次在见面的时候，发现我们在读经典的时候姿态不一样，我不是激进的、解放的解释学，而是一种中庸的或者说辩证的解释学。这种解释学强调了作为解释者，我是有主体权责的。而对于谌老师来说，在还没听懂"往圣"之前，你贸然说你的主权恐怕是有问题的。

人存在的家园是语言，什么是语言？这就是我们的语言（指向室内排排书架）。往圣是我们语言中的最杰出者，是我们的英雄，也可以是我们真正的精神祖先，我们道说的一切从他们而来。所以这一点不是不尊敬他们，我只是强调了：我哪怕是个末学后进，是个无赖小子，依然有我的主权。这就是我跟谌老师构成了两者的张力。但你会发现我们两个人都在运用我们的理性，只是我们各自强调了某方面的权利而已。

所以我认为这都还是在理性的范畴之内，我们相信所做的一切是有它的意义的，我们继承了往圣的遗产。

"为万世开太平"，不是说经我们的努力以后真的太平了。也许每一个时代都摇摇欲坠，每一个时代都礼崩乐坏，但是在礼崩乐坏、摇摇欲坠的同时，总会有什么被建设着。在庙堂和神像轰然倒塌的同时，总会在某个地方有一棵小树悄悄地成长起来。所以不要抱怨时代——不，依然要抱怨，我的意思是说：不要认为有哪个神圣的时代一定比我们现在强多少。至少在这里，我依然能够听到谌老师和袁老师说话，看到这些书依然在被阅读着，我就知道这个时代还没有堕落到一点留恋和欢喜都没有。所以，"为万世开太平"中这个"太平"不是一劳永逸。没有什么能一劳永逸，你要是一劳永逸，就是把后人活下去的权利剥夺了：我给你们奋斗过了，从此你们不能奋斗了，大同社会已经来临了，做人到此为止终结了。这不是黑格尔哲学吗，“到我为止哲学终结了，你们都别搞了”？在某种意义上他说得对，体系的哲学到他那里可能真的是终结了，但是我们知道他这样是剥夺了人思考的权利。当然大家没接受，海德格尔、尼采、叔本华都拒绝接受。那么同样地，说这话的张载他们也不是要剥夺后人作为一个存在者自身的权利，这也是人运用自己的理性去认识和解释这个世界，唱出自己的战歌、骂出自己敌人的娘的权利。我是这么去理解“为万世开太平”的。

我们的名字里有银河灿烂

我们说的语言叫汉语，我们用的文字叫汉字，我们大多数人自称为汉人，因为我们曾经有过一个伟大的王朝：汉朝。

所以，汉族从来不是一个血统种族，而是一个文化种族。在汉朝视野之内，并愿意接受汉文化的，都可以是汉人。

经历战国之分，秦朝再度统一了中国，统一了度量衡，但却是汉朝才真正赋予了这个民族国家以文化同一性。

我们的文字是商族人创造，但礼仪文化却继承于周朝，也就是说，其实我们有过一次完全的同一性：周的天下观念，和周的礼乐制度。

每一个朝代的名字都有一段历史，都有无数故事。简单说，一般就指明了它从何处发迹。

秦朝之所以叫秦朝，因为它发迹于古代的秦地，秦在今天的天水一带，但秦族人最后把这个名字带到了关中，带到了秦岭。

汉朝之所以叫汉朝，因为建立汉朝的刘邦曾经无奈地被封在汉中，他想要关中，当时却争不过项羽，无奈只能去了汉中。

汉中这个名字明显模仿于关中，其实它应该叫“汉上”，但这样一来，帝都“关中”岂不落了下风？所以，就跟着叫汉中吧。

但它不是一开始就叫汉中的，它曾经的名字同样美丽：褒！这是一个非常传神的地名，就像秦、周、鲁、楚一样准确、精当。

褒，在汉字里不仅仅是美好的意思，它意味着多重的保护。保，就是取象于成人抱着小孩。而现在又在它外面加上“衣”的包裹。这就意味着“褒”这片土地就像裹在襁褓里的孩子一样，被四周的大山牢牢地保护着。虽然它和当时最强大的关中地区很近，却隔着难以逾越的秦岭。

第一个有记录生活在褒这个地方的部族，是夏族的一个分支——夏，也就是大禹的那个部族。依据历史，大禹族姓姒，而男人当时以氏自称，也就是他们既然分在褒这个地方，就自称褒某，而不是姒某。但女性嫁出去，则称“姒”以表示血统的来源，为了区分来自哪个姒，偶尔也可以加上地名，这就是那个著名的祸国王妃褒姒名字的来历。其实，褒姒按今天的说法不过是小大两个姓氏的重叠，而她真正的名字却早已经失落在历史中。

女子无名。妇好，不过是说这个从子姓嫁过来的女人；妲己，不过是“妇妃”的讹传，也就是从“己族”嫁过来的女人。

褒国灭亡后，它还有过其他的名字，直到后来人们永久性地称它为汉中——我说过，汉中人本该自称为汉上人。

这是把中国文化中最美好的一个地名，赠予了汉中人。因为汉水从来就不是一条河流，而是一道星辰。

汉水，以前一定有过许多名字，但周朝人却把它称为了汉——这个原本属于星辰的名字。

是的，汉的本义就是银河！

《诗经》里的“国风”，写于各地。而《雅》，则产生于关中和洛阳。如果从这两个地方观察天象，他们看到了，“维天有汉，监亦有光”“倬彼云汉，为章于天”“倬彼云汉，昭回于天”……

而地上，正好有一条河流和天上的银汉有着相同的走向。陆机的诗歌《拟明月皎夜光》里说：“岁暮凉风发，昊天肃明明。招摇西北指，天汉东南倾。”是的，最后两句描写的就是古人眼里的银河：招摇西北指，天汉东南倾。意思说，银河西北方向高耸，东南方向下沉，就像一条河流，从西北流向东南。

从西北流向东南，这就是汉水的走向，或者说，是古汉水的流向。

古人认为西汉水是汉水的上流，现代地理学家认为，是后来的一场大地震截断了河流，让汉水的上流流向了嘉陵江，单独成了今天的西汉水。

而西汉水的发源地，就是“天水”，天上之水化为地上之水，化为汉水的地方。

也许地震说并不成立，那么天水和汉水，就是一个古人美妙的误会——反正他们更大的误会是直接把星辰当成了河流，当成了地上某条河流的源起，再搞出一些美丽的错误，有什么可奇怪的。

于是，汉，这个源自星辰的名字，就莫名其妙地成为我们共同的名字，成为我们语言和文字的名字。

而为什么汉写成“漢”，是不是就是“氵+黄”呢？是不是像有些人所想象的那样，它意味着是黄帝的河流呢？

这很可能又是一个美丽的误会，因为正如我所解读的那样，“黄”是弩的象形，黄帝，是弩的创造者或者重大改进者。而对创造这个汉字以描绘一条星辰之河的“商契（仓颉）们”而言，也许天上的银河就像一把天弩吧。

这个弯终于绕完了：汉语汉字汉人，是因为汉朝；汉朝，是因为汉中；汉中，是因为汉水；汉水，是因为银汉。

原来，我们的名字里一直有银汉灿烂。

偏爱佛教，超越虚无主义

佛教是最典型的虚无主义——佛教对人类的最主要贡献，本就是指明了世界的空相，和人生本质的虚无。

也许这就是生命中非常必要的“破”，因为生命依据它自身的逻辑，太容易执，太容易贪恋，太容易绝不放手：不肯失败，不肯认输，不肯老，不肯死……

生命依据它的自我定义，本就是执念于自身的组织程序。一切花开花谢，一切爱恨情仇，都是此执念的努力。欲望是执，爱恋是执，理想是执，信仰是最深、最彻底的执。

执，总是让人太累，太苦，而且还经常缘木求鱼，被执破坏了因缘整体的案例比比皆是。

佛教确实是一种解脱的智慧，尤其是看清的智慧——佛教的解脱基于看清、看透、看破。

我自幼喜欢日本禅僧原坦山的一个故事：

某天，原坦山和师弟一起下山，经过一条小河，因为刚下过雨，河水虽不怎么深，却很浑浊，还冲走了原来的浮桥，有位姑娘被困在了河边。

原坦山看到姑娘焦急而窘迫的神情，上前问道：“请问姑娘，是想过河吗？”

“是呀，”姑娘点点头，无奈地回答，“水太脏了，我怕把衣服弄脏了……”

“姑娘莫急，”原坦山安慰她道，“贫僧抱你过河，好吗？”

姑娘等了好久才遇到有人帮忙，而且是个彬彬有礼的和尚，就点头应允了。

于是，原坦山抱起姑娘就走。

到了对岸，原坦山轻轻放下姑娘，念了一句“阿弥陀佛”就转身走了。

师弟看见原坦山主动和姑娘打招呼，还抱着她过了河，坦然自若，仿佛什么事也没有发生过似的，很是震惊。

原坦山也不理他，只管自己走路。

走了很久之后，师弟终于忍不住发难：“师兄，你实在不像话，身为出家人，怎么可以搂抱年轻女子，坏了佛门清规，简直无法无天！”

看着师弟正气凛然的神情，原坦山不以为意地反问道：“什么女子？在哪里啊？”

“又来了，过河的时候你不是抱了个漂亮姑娘吗？是我亲眼所见，你想要赖啊……”

“哈哈……”原坦山仰面而笑，“是那个女子啊，过河之后我就把她给放下了，你怎么还抱着呢？”

和尚为什么不可以抱女人？因为贪恋女色正是男性的原罪之一。女色，权力，本是男性快乐的根源，但求而不得，得而复失，就成了痛苦的根源。对此，佛教开出的药方是禁欲主义：如果你不贪恋这些，你哪来的痛苦？如果再进一步想，连你自己也不存在，那么痛苦又在哪里？

可是你就是喜欢这些啊！怎么办？于是佛教发明一套虚无哲学或者看破红尘哲学，帮你认识到“色即是空”的真理。

《般若波罗蜜多心经》是我最喜欢的文章之一，里面有太多鞭辟入里的佛门智慧：……照见五蕴皆空，度一切苦厄……色不异空，空不异色，色即是空，空即是色，受想行识，亦复如是……诸法空相，不生不灭，不垢不净，不增不减……空中无色，无受想行识，无眼耳鼻舌身意，无色声香味触法，无眼界，乃至无意识界，无无明，亦无无明尽，乃至无老死，亦无老死尽。无苦集灭道，无智亦无得……

确实，我们所见的一切都不是“真相”，因为它被我们的口耳鼻舌身所解释、所过滤，女人眼里的美女，便和男人眼里的美女不同，青蛙眼睛里的美女是什么？石头没眼睛，美女对它又意味着什么？

确实，一切烦恼都是因为我们自己，因为我们有爱欲。

这种爱欲不仅能让我们爱上美女，甚至还能让我们爱上白骨。金庸先生在他的武侠小说《天龙八部》中刻画的情痴段誉，就有一段妙语：“佛经有云：‘当思美女，身藏脓血，百年之后，化为白骨啊。’话虽不错，但她（王语嫣）就算百年之后化为白骨，那也是美得不得了的白骨啊。”

问题是，把美女观想成白骨，就真的解决了人生中的问题了吗？理解到“色即是空”，就真的领悟到了宇宙的真理，明白如何度过此生了吗？

一个男人想女人想疯了，结果最佳解决方案居然是一剪刀把他阉割了！好个禁欲主义！好个虚无主义！

是的，最后一切归于尘土，归于虚无。

但是，这并不表示我们最佳的生活方式就是拥抱尘土，拥抱虚无。

一朵花，开放之前是青草，枯萎之后是垃圾和种子。我们爱的是花，并为此愿意服侍青草，收拾垃圾，留存种子。但我们没有必要因此去观想垃圾，热爱垃圾。

禁欲主义是病态的生命，虚无主义是变态的哲学。

它们把生命当成了“看”和“想”，可是生命首先应该是“行动”，也就是积极生活。为生计而劳动，为绵延而筑居，为真理而行动，为生命而爱、歌唱、编撰故事……

是的，最终一切徒劳又如何？至少，我们真诚地努力过，热烈地爱恋过，轰轰烈烈地存在过。

佛教的破执，还是可以有的，因为它确实是我们看透和解脱的助手。就像规则、制度和道德，不应该是生命的桎梏，而本该是一个游戏的临时性共识。

看透，所以我们游戏时更自由，更无拘无束、天马行空。

脱下禅这件湿漉漉的旧衣裳

有智者说，人类一思考，上帝就发笑。但是我相信，如果人类因此而停止了思考，那么缔造了人类的那个上帝，一定会因此而悲伤的。而无论那个我看不到的上帝是笑或者悲伤，我都还得为自己这偶然而且卑微的生存继续思考。

一个月前，心绪低落到零摄氏度以下。

年少的时候曾经从佛书和禅理里为自己过敏的心灵寻找过解药，而神经症的西药——精神分析学竟然也声称自己与禅是异曲同工，无非是帮助你窥破被遮蔽的真实的历史与欲望，获得心灵的宁静。所以，那时候自以为找到了最有效的药物，在后来相当漫长的岁月里，我就靠服用阿兰那（梵语，意谓宁静）剂获得了身心的安宁。

后来读惠特曼，读泰戈尔，读奥修和纪伯伦，甚至尼采，我都可以轻松地将其纳入禅的系统里。阅读使禅这棵树自我更新，叶落叶生，树在成长，但还是原来的那棵树。

在我现在看来，禅是一门非常特别的语言学。而它的要义，莫过于洞察语言之游戏，窥见语言下面本真的存在，以及生活于当下的真实中这简单的几条。另外的诸如空、无、静等佛教的其他关键词，总未能触及它最动人的地方。

然而我终于认识到，禅这门东方的语言学与西方的语言学之差别，正在于禅仅仅满足于认识到语言是一个人为的符号系统，它并非真理本身，并非真实的存在。从本质上讲，它仍然停留于老子“道可道非常道”的认识上，它在认识到语言并非真实的存在之后所做的，仅仅是拒斥语言。于是走到极端的认识，就将人复归于动物（复归于婴孩），这时候，禅与无，与空结合在一起，成了生存的一大麻药。

可是，除了语言我们还有什么？伽达默尔的那句话，正好与禅相反，道出了西方语言学与哲学在窥见语言是一符号系统后对语言的积极态度：“能被理解的存在就是语言。”除了语言，我们一无所有，我们的存在是符号性、语言性的存在。如果说人类是一个语言系统的话，个体的生命就是这一系统中的言语行为。西方皇皇巨著无非是表明：只有凭借语言，我们才能一点点地接近存在的真理，除此以外，没有其他的途径。

“最冷酷的压抑、最有说服力的平静或最温暖的自我满足，是对世界和自己的成功谎言。”（恩斯特·贝克尔）禅与佛，奥修不入道的追随者们所做的，其实就是服用这些精神的麻药，将自己等同于动物（也许他们喜欢的是草木而不是动物这个词——真是奇怪，他们其实挺在乎语言的）。

当年，禅为我编了一套严密的防毒程序，它具有极强的解释力——就像是王水那样，能够溶解绝大多数物体，将所有矛盾化为一团糨糊。但是，生活的风霜总是要渗透到每一个存在的漏洞里，许多美妙的谎言其实经不起一个小小的“操作失误”。就像当年我妻子脚拉伤休假一个月，马上戳穿了一所堂皇的私立学校内在的纯商业本质。禅这块补丁终于无法修补生活中越来越多的漏洞。

其实街上走过的菜色的携妇挈幼的一家三口，就从来不是“本来无一物，何处惹尘埃”可以解释得了的，只是我以前视而不见，以为自己的那一块钱，能够拂净自己心中偶然遭遇的尘埃罢了。但当我自己站在风尘之中，以乞人之心求乞的时候，我知道富人、贵人与闲人们的语言游戏，未免做得太漂亮太华丽了些。

当然，我无意指摘乔达摩·悉达多，以及慧能或者奥修。从本质上讲，他们是天才的艺术家，他们创造了一套完美的解释方法，从而释放了自己的生命力——他们的行动是自己存在的悖论，他们的辛苦与创造，其实违背了自己所创造的那一套“无”的游戏。但是，那些只知道购买一套现成的方便的谎言系统来麻醉自己的徒众则多少有些可怜，他们将假戏看成了真，忘了自己的屁股确实还坐在冰冷的泥地里。

只是，咬破自己的茧是一件太危险的事，尤其是如果你已经在这茧中做了十多年的蛹。

我在这篇文章的开头说“心绪低落到零摄氏度以下”，就是指在持久的剧烈的动荡平静下来后，蜘蛛发现网彻底地破了，我发现禅这件温暖的外衣彻底地湿了。

病毒入侵，系统崩溃。

其实这病毒也仍然产生于心灵的内部：一方面，你需要用清醒的痛楚来创造全新的作品；另一方面，你必须继续服用麻药来逃避无法承担的存在的虚无。而当生活的处境逼迫你无法自欺，禅也就快成了失败的初恋，只宜存在于美好的回忆中了。

是的，这茧，毕竟是我自己咬破的，是我自己挣扎着从温暖的茧中出来，站立在岁末的冷风里的。

突然地，明白了凡·高的《向日葵》中的痛楚。生命力因过度的旺盛而扭曲着，而这已经是生命终点前的怒放，这一次绽放之后，是永恒的沉寂与死亡。

大多数静物画，多是试图用颜料将必死的物、必逝的景锁定在画布中，人为地制造一种永恒。但凡·高的画却揭示了静物背后的死亡，和死亡之前的生命畸形的美丽。

但凡·高只是表现，只是将感性的生命天才式地泼洒在画布上，他揭示了真实，但无法超越这真实。所以，认识到真实的存在处境只能让他疯狂，在极度的痛苦中割掉自己的耳朵。

我不想用幼稚的谎言欺骗自己，把这活生生的真实的生命视为毫无区别的四大，视为同一分子与原子的简单构成；但我也不愿意因为窥见无法承担的真实的存在而就此疯狂。

我必得找到一条道路。

其实有着现成的道路。解脱之道（路）不想走，还有另一个拯救的道路：信奉一个痛苦的神，将自己奉献给至高无上的上帝。

我是相信一定存在一个无可描述的“上帝”的，他也许是人的形象，也许是自然的力量，这已经远远超出我的认识能力，对之我只能敬畏与沉默。

但是，基督教徒们向我描述的那位上帝总让我有些狐疑，化水为酒与肉体复活等神迹如果不是象征就只能是谎言。如果在我被无神论清洗头脑之前接受了某种宗教，让它成为我存在的基础与命运的象征，那么我需要做的，就是通过对这一象征体系的再度阐释，重新跃入至高的信仰中。但是，让一个被无神论清洗过的人为了逃脱生存的危机而说自己相信神、相信上帝，即便不是一种对他人的欺骗，也至少是对自己的一种欺骗。这只是将宗教当成一桶后遗症极少的酒，并让自己沉醉于其间。

儒释道和绘画

——和青年画家的聊天

墨迟兄拿一本美学专著来问庄子美学，信口答之。墨迟兄走后，又择要记录数语，以证岁月。

儒释道是哲学、宗教，是文化核心，必然会反映在生活的各个角落，更不必说传统绘画。

渗透的方式，大致有主题和形式两条道路。

就主题而言，受儒家仁学和政治学（礼乐）的影响，政治、社会方面的庄严、整齐、肃穆、神圣，以及民间的悲苦、欢乐，都是他们的绘画题材。

而道家中《道德经》和《庄子》其实是非常不同的两种风格、两类思想，一般在美学上，我们只讨论庄周的影响。庄周的精神，不是某些文章字面意思的“无我”“无己”，恰恰是“率性”“任性”。无论是癫狂还是平和，如果把自己放在中心，把自己的情绪投射给万物，以自我为中心，这主要就是受庄周的影响。竹林七贤就是典型。应该说，艺术家本质上就是“最像庄周的”。

道家中无为、无我的诉求，后来和佛教相结合，就诞生出更为成熟的哲学——禅宗。王维的许多诗歌，就是禅宗最直观的表现。禅宗中，自我被悬置起来、背景化，至少安静下来，不再叫嚷和喧哗，而让万物，在安静的“我”面前自由展示它们自身。中国的一些花鸟画，受禅宗的影响颇深。

禅宗以外，佛教有另外的主题，源自古印度，在壁画上反映比较多，反而比较接近儒家的宗教性政治，和禅宗这一派应该没有多大关系。

就美的形式上，儒家会追求丰富、饱满、整齐，以及和平、中正。而庄周的道家会追求个体淋漓尽致、酣畅淋漓地自我呈现。禅宗则追求空灵、留白，言而未尽，余音缭绕。

儒和道的最大区别是一中正、一任性；儒和禅的最大区别是一饱满、一空灵；道和禅的最大区别是一张扬、一宁静。

但这些都是我临时想到的、简单粗陋的标签，事实上所有的艺术家从来不是按类似标签绘画的——他们只按内心的美感而绘画。他们受多种思想影响，但每个人都独一无二。

艺术家学习儒释道，不必确定自己是哪一家哪一派。就当是和三个很精彩的朋友交往，听他们说些很不相同的话。喜欢听哪个，就多亲近哪个；哪个给了你灵感，就自以为是地画出来。

艺术家在儒释道上的修为不必很高，不必很纯。苏轼爱佛教，爱禅宗，和高僧佛印是好友，但苏轼的佛学理解就很一般。我觉得这个很一般有利于他的文学创作，如果他理解得像个哲学家那样精深，恐怕我们就要失去一个伟大的艺术家了。

所以，不必刻意去成为什么，爱靠近什么就去靠近什么，关键是要让自己保持有感觉，有新感觉，并努力把新感觉画出来。

和一位年轻画家的聊天

什么是美？这就是人面对万物的第一次惊奇：啊，这么漂亮，这么美丽！

什么是科学？这就是人面对万物的第二次惊奇：哇，原来是这样啊！为什么？

什么是艺术？艺术就是你把聆听到的世界的惊奇，用物质的方式表现出来，让观赏者、聆听者通过你的作品，重新认识到万物和世界的惊奇、美丽。

万物的美丽？是的，那来自对天地消息的聆听和欣赏，但更来自艺术家生命密码的破译。

你发现麻雀之美，并让观赏者——他们眼里麻雀本来只不过是最普通、最平庸的生物——突然意识到麻雀的美丽，而且从此不可改变地获得了这种欣赏麻雀的视角。这就是艺术！艺术在本质上，就是展示一个全新的世界，或者通俗地说，似乎是获得了观看原来那个旧世界的新目光。

齐白石的虾，他其他的花鸟虫鱼都是，他表现的，是万物如其所是的从容和安宁。但他的密码不同于你的密码。你们赋予了万物以你们的色彩——万物给予你们的当然更多。

艺术家不同于常人之处，首先是他能够聆听到天地万物的特别的消息——他在别人仿佛共同生活的世界里，发现了一个新世界！其实是，他本来就生活在另外一个世界。

但他也必须拥有足够娴熟的技艺，才有能力把这个特别的消息、这个全新的世界物化为艺术品，展示给世人，改变他们观看世界的眼光！

莫奈、凡·高、高更、宋徽宗、徐渭、八大山人、吴昌硕、齐白石……每一个大画家都是。越厉害的画家，他开启或开辟的世界就越新颖，但本质上，那应该是一种惊奇、一种美丽，一种对天地万物重新开始的凝视！

徐渭和凡·高当然是我的最爱，但完全不同的宋徽宗我一样无限热爱，他们既展示了不同的生命，又展示了万物不同的美丽——这真是神奇！

技法是必需的，一万小时都不够，每天的练习是必要的功夫。

但是技法不是艺术，它只是为了抵达、表现艺术的技术。技法是可以重复且必须重复的，艺术在本质上是不可重复的——除非，那对万物的领会还没有表达殆尽，还需要不断探索，也就是说，还有惊奇需要艺术家不断地言说。

所以，最后是存在的深度问题，是艺术家自己栖身于一个怎样的世界。

这不是哲学的深，也不是处世的深，这是存在的一种特别的深度，它就像是拆掉了自己，发现旧皮囊里有一个全新的自己。每一层旧皮囊拆除后，就是艺术家最灵动的创作喷涌的时刻，但它不是永久性的，他的世界仍会黯淡下来，他需要再次拆除自己！这样一层层拆下去，最终，抵达历史的深处，他可以和最伟大的艺术家们并肩！

技法是渐进的；存在的感悟，艺术的领悟是飞跃的、突变的。

存在领域的获得，旧皮囊的拆除，新视野的获得，这需要栖身于一个高过自己的共在的精神共同体：音乐家开启的世界，文学家开辟的世界，哲学家点破的世界……也就是，需要同道，需要同类，需要导师！不是技法的导师，而是存在的导师！

但是没有人可以替代你去领悟，你必须自己去经历、挣扎、领会。

这比绘画的技法更难，这里有痛楚，有破裂，有长久的迷茫。

年轻，意味着还有许多空白，这是令人恐怖的财富。不要担忧自己的年轻，要担忧自己在填满这些空白时，用了什么材料，走向了哪条道路。

必须重新打开自己，仅有现在的领悟是不够的——它让你发现了别人所没有发现的世界的一角，但这个发现还是太小，它打开的世界还不足以让世界因为你而重新发现世界的惊奇。

疯成凡·高又何妨

——听实习教师墨迟讲从画的故事

墨迟的故事，你可以理解为一个中国版的凡·高的故事，但更像是你们都听过的《丑小鸭》，可能有的语文老师还读过我的《天虫》，它们都是同一个故事，墨迟的这个版本也是完全一样的，一模一样。这个故事用心理学讲，也叫“自卑与超越”，成就许多伟大的艺术家的，往往是童年的自卑，以及摆脱自卑的努力。这种自卑是什么？这种自卑就是对生命有限性的那种挣脱。

《丑小鸭》我已经解读过，丑小鸭其实就是天鹅蛋。天鹅蛋意味着什么？故事说你一生的成就取决于爸爸妈妈，也就是基因决定论吗？我们知道故事只是象征，我们可以成为鸭子，也可以成为天鹅，这都是由我们自己的选择决定的。选择对了，那就不论“我”出生在哪里，哪怕是养鸭场，哪怕是在安徽的某个农村里，我也一定会成为高贵的生命。天鹅蛋，意味着我一生选择了两样东西作为最宝贵的。第一，是对美好的向往。当美丽天鹅从天上飞过的时候，这丑小鸭把脖子昂得高高的，发出怪叫，觉得自己也应该像它们一样。当年幼的墨迟在农村的时候，看到像黄竹湖这样的画家的时候，他就油然生出一种渴望：我要跟他们一道，要成为那样的人！而且，这不是想想而已，他是坚定不移地去追求，去融入，去投身。这，很少有人能做得到。对美好的向往是第一位的，还有一个同样重要的，那就是对自由的向往。墨迟为什么不断在换职业和地点？快成功时又放弃？因为他潜意识里嗅到了自由的气息。我希望晨山[1]和南明教育不要成为老太婆的小屋——在丑小鸭的故事中有一个老太婆的茅屋，它意味着安全，当你在漂泊时，当你在艰难中，当你找不到自己，非常迷茫痛苦的时候，小茅屋突然给了你安全感，给了你帮助。然后呢？这个老太婆的茅屋里还有猫和母鸡，告诉你咯咯叫几声，然后下几个蛋，然后你的人生就圆满了，你就成为一名好老师了！取悦一下这个老太婆，也就是取悦一下校长，这人生就圆满了，大功告成了。当然，晨山和南明教育不会企图成为墨迟或任何其他人的茅屋。如果谁把晨山当成了自己的茅屋的话，那么，这个从丑小鸭到白天鹅的旅程就到此结束，他也就像一只自由的鸟折断了翅膀。墨迟不会的，他必然地要挣脱茅屋！我们必然地不会让晨山和南明教育成为窒息自由的茅屋。我们是为了自由而聚的，怎么可能为了安全而聚？我们是为了创造而聚的，怎么可能为了苟且而聚？

但纵然如此，墨迟要找到自我未必是在晨山或者南明教育。有时候，我们每个人都有命中注定，真的，命中注定！

但是话又说回来，对这样的生命，我们既珍惜，又有点担忧。为什么？我们知道，在古今中外的历史上，有许多大家他们都是很全面的，很健康，像歌德、文艺复兴时代的那些大家、民国时代的那些大家、那些非常厉害的人物好像什么都懂，成就巨大，他们的出身往往比较好，他们不是因自卑而超越，他们是什么？他们是超越而超越。可是艺术家，尤其是贫苦出身的艺术家，往往是一树灿烂的那一刻，可能就暗示着某种风险。比如跟墨迟一样从安徽农村走出来，我们非常景仰的诗人海子……

墨迟还讲到学习西洋画是他的痛苦经历，现在想要忘却忘不掉。但是，也好，你知道为什么吗？因为中国画像是一种阿兰那[2]道，那种宁静，那种恬淡，那是你的生命中缺的东西。你要知道大多数中国画画家

---

① 指安徽休宁晨山学校。

② 阿兰那，梵语为寂静。

是怎么修炼出来的？他需要一种安静，一种富贵。但你身上没有，所以西画是一种异化，国画也是一种异化。但你会通过异化完成自我，你去画西洋画，你去搬砖头、做苦力，你去做营销……都是异化，这也许就是你生命中的命吧，也许，你将因此给国画带来一些革命性的元素，这个革命性的元素，一定不是安宁，一定不是回到齐白石，而是你带来的血，带来的火，带来中国画里原本就缺少的，原本没有的冰与火！这才是艺术，一个新的世界将因此而开启。

当然这是有风险的，我们小时候的自卑和贫困可能会缠绕我们，吞噬我们，它让我们在做选择的时候不自由。

但是很奇妙的是，中国画毕竟是有宁静的一面的，我希望它能够带来一些疗治，你和画能够一边斗争，一边讲和，不需一味地求高——其实，我的希望既是没用的，又是矛盾的。

因为我毕竟还希望，就像我最爱的徐渭，第二爱的宋徽宗，那个此刻就在我们身边的人，竟从全新的视角，带给我们国画全新的美。

如果那样的话，也许我们其他的事业失败了，但有这么一个画家曾跟我们一道奋斗，我们也就感到很满足了。

（本文为现场点评）

第四辑

在下山的路上继续攀登

风景与爱人，都得陌生化

最美的风景，天天看，最后还不如陌生人解得其中的风情。

李白说："相看两不厌，唯有敬亭山。"

许多人误读了李白，以为李白是在说，他看一座小山不知厌倦，其实李白是在说，青山看李白这家伙不会厌倦，因为李白是第一等风流人物啊——这是李白式惯有的吹嘘，惯有的自夸。

纳兰性德说："人生若只如初见，何事秋风悲画扇。等闲变却故人心，却道故人心易变。"

许多人用这四句话来感慨人心易变，却从未借着它追问人性不变！其实纳兰性德对于人心或者人性，自己是深深懂得，深深感慨的。

人性的事实就是：事物呈现于他眼前，要么安然、熟悉，要么新奇、突兀，并不存在恒久不变的新鲜感——永久不变的新鲜，这是多么矛盾的话语。成功爱情必须成为婚姻，才能在熟稔中静静延续；而最熟悉的风景，也就是所谓的家乡，无论别人说它有多美，它总不是我们心目中的"远方"与"风景"——只有在远离了家乡之后，家乡才开始拥有从未有过的魅力。

风景之为风景，就是把美展现在眼前；而美之为美，就是某事物改变了我们习焉不察的"视看"，以一种惊奇的方式向我们展示。

这就是为什么一双破鞋子肯定谈不上美，但凡·高或者其他画家绘画作品里的破鞋子，很可能是绝佳的艺术品。

为什么一个抽水马桶是不美的，而它挂到美术馆的墙上就成了艺术品？

因为它第一次改变了所有人的“视看”，提出了这样一个问题：当器具不再作为日常使用的器具，而是作为自足的、独立的存在物，也就是思考和鉴赏的对象来视看时，会发生什么？

任何一物，以某种合适的方式，在特殊的场所被呈现，被凝视，它就一定程度地成了艺术品——它被陌生化了，它改变了我们视看它及万物的方式。

当我们上路，去远方旅游，我们已经规定了自己的眼睛，要以一种艺术家的眼光去看：看陌生的街道，看荒凉的大山……把西湖看成艺术和文化的西湖，而不是一个最最平常不过的蓄水池……

其实百十年前的任何一个农村，如果有幸存续到今天，都是绝美的风景，譬如徽州的宏村与西递。

假如不是因为过于相似，我们自己生活的地方，对陌生人来说都是风景，至少是值得猎奇的“新鲜之地”。富裕者到贫瘠之地是旅游，文化已达精致者到蛮荒、破败之地，也是旅游。旅游就是到另外一个地方，通过不同的事物，看到世界、生活的别样的层面。

其实，太陌生的地方并不是最佳的旅游地，因为我们可能会“一无所知”。最好欣赏的，无论风景、故事、电影……是50%左右的熟悉程度，以及30%左右的陌生程度。

唯有所熟悉，才能去很好地理解；唯有所陌生，才能去很好地发现。

我们需要在一个陌生的地方去看夕阳，才能更好地认识夕阳——因为家乡西边落下去的太阳，我们已经看不见了。熟视无睹，无睹，不再看见……

我们如何更好地去爱家乡？走出去，远远地，直到家乡以陌生化的方式，再度向我们召唤。

作为一个五十岁的直男，我只懂讨论风景，不懂讨论爱人。但你点进来的原因，是不是因为“爱人”这两个汉字？

什么时候我们真的老了

昨日王开东兄在我的文章《一天上好两节课的日子真幸福》后感慨："老大终究回归诗酒田园了。"

魏智渊兄又对此神回复："老了！"

老魏说得对，最近数年，力不从心感出现得日益频繁。开东兄可能不了解我的近况，我自己的形容是：水深火热，屡败屡战！

但是，力不从心，至少说明力量虽然衰弱，但心还没死；屡败屡战，至少说明虽然打了败仗，但依然坚持在战场上——虽然确实换了战斗的方式。

什么时候我们真的老了？

我以为，当我们把挫折当成失败，把失败当成认输，因一次背叛而怀疑全部人性，不再信任人类，这时候，我们就真的老了。

最近几年，是我被诋毁、被埋怨、被背叛最多的几年，坦白说，我也屡次心灰意懒，很想就此放下，提前过寄情小学小问的"后半生"。

但是既然来此一遭，大不了一死，只要不作恶，不做太愚蠢的事，为什么不再一次又一次坚持呢？坚持下去，看看道路的尽头，究竟是上帝的掌声还是鸡蛋。我估计，哪怕输了，只要不因蠢而败，上帝也会给予几声鼓励的掌声——不给也无妨。

是的，我不认输，不是因为这本是有账可查的罪孽与邪恶，而是因为无论原因是什么，若我认输、认罪，那么这个故事就此定论，"生命叙事”就此结束，盖棺定论意味着在人生的墓碑上被写下：这里埋着又一个失败者，那 99% 中的一个。

是的，不要急于认错，更不要归咎于人性和原罪。既然世界是一场戏剧，是无数博弈和争斗，那么做一个失败的英雄，也并不是最坏的人生。

什么时候我们真的老了？

当我们不再相信友谊和爱情，只相信权力和金钱，只剩下精明和计算，抛弃了天真。这时候，我们就老得不能再老了。

这个世界最打动我们的是什么？究竟是哪些事物值得我们流连忘返？

真正令我们动心的，不是今天举世狂热追求的金钱，也不是人类永远逃避不了受其影响的权力，因为这些仅仅是工具，而且至少在这个时代，我们想亲近美好，并非一定要挤过这些狭窄的通道。

曾经，为了买一本《诗经》，我用掉了大半个月的生活费——五元，而一把吉他，则提前耗尽了我半年的额外开支。但在免受饥饿的前提下，曾带给我欢乐的是“汉之广矣，不可泳思”，是“蒹葭苍苍，白露为霜”，是“青青子衿，悠悠我心”……五元钱本身没有带来这些快乐，除非是那次我自己通过劳动，赢得了人生中的第一笔五元。

文字曾带给我们快乐，诗歌曾带给我们快乐，神话和小说曾带给我们快乐，音乐曾带给我们快乐，明澈的天空、辽阔的大海、广袤的草原曾带给我们快乐，小草和苔藓也一样能带给我们快乐……如果我们丧失了从这些事物中获取快乐的能力，我们需要多少人民币，才能确保我们的快乐？或者，需要得到怎样的职位，才能确证我们的幸福？

开东兄至今未老，因为无论如何，他依然对一切热忱，对所有人释放他的暖意。

老魏兄至今未老，因为他依然是个负重的战士，在重要的时刻里坚守岗位，还时不时擂一阵鼙鼓。

我或许真的已经老去，而且在肉体上，我早就接受了自己的老去——我拒不染黑白发，也不愿意使用美颜。

但是，我并不认为肉体的衰弱，就意味着心灵必须同时死去。

老了有老了的资本：更从容，更宽容，处理一些事情也有更多世俗经验带来的智慧。但是，如果这一切意味着不能葆有对事物的激情，不能葆有对世界的好奇，不能葆有挑战命运的勇气，甚至害怕再去做一些荒唐的事，那就真的心老，甚至心死了。

说这么多，感觉比不上读一首诗，唱一支歌。

周梦蝶的童诗《我是一只小蝴蝶》，就写得比我好，我们的孩子们，早在二、三年级就把诗纳入了他们的生命，真令人羡慕：

我是一只小蝴蝶
我不威武，甚至也不绚丽
但是，我有翅膀，有胆量
我敢于向天下所有的
以平等待我的眼睛说：
我是一只小蝴蝶！
我是一只小蝴蝶
世界老时
我最后老
世界小时
我最先小
而当世界沉默的时候
世界睡觉的时候
我不睡觉
为了明天
明天的感动和美
我不睡觉

孤独者

孤独者不是为孤独而孤独，孤独者是无法融入平庸与喧嚣而被迫孤独。

夸耀自己的孤独的人是多么可耻，而一切高贵似乎注定孤独。

不，并非如此。

高贵者，因为拒绝了低下与低贱，也就是拒绝了芸芸众生中的绝大多数。他的话不对他们讲，他的文字并不写给他们看，他不需要这些没有立场没有原则的掌声，拒绝身后追随着一群蠢蛋。

但是高贵者依然言说和书写，这样的事实足以证明，高贵者寻求着知音，寻找着同伴，他希望高贵者们拥有自己的王国，在那国度里一切平庸将无处藏身。

无论多少人背诵着《道德经》，《道德经》其实拒绝了背诵着的大多数。《论语》和《庄子》，都同时是召唤也是拒绝。

我的语言也同时是召唤和拒绝，它残忍地拒斥我的渴求，把我锁闭在漫长的孤独中。

我不允许自己写出献媚于庸众的文字，虽然他们才是这个世界最慷慨的买单者。

我只寻求真正的批判者和继承者，以及坚强的同行者。

若我想交付我的重担，那是因为我还想担起更重的担子。

天地静穆，万物光辉？

说“天地不仁，以万物为刍狗”是对的，天地本身没有仁或者不仁的概念，没有仁或者不仁的意图，甚至，没有任何层面的意识。万物在天地间方生方死、自生自灭，并没有绝对的造物主爱怜——除非万物自己有了意识，有了渴望，于是为自己创造了一个（造物主）。

说“天地静穆，万物光辉”是不对的，因为天地从来没有静穆过，万物则从来在光辉的同时凋零着、暗淡着、相互谋杀着。但“天地静穆，万物光辉”是好的，是美的，是值得向往的——虽然它永远不会实际存在。说“天地静穆，万物光辉”，就是强行赋予宇宙和生命以一种色彩，就像凡·高用油画笔赋予旷野和麦田以特定的色彩，规定人们从那样的视角，去观察和理解世界。它并非用谎言欺骗自己，而是赋予破碎的世界以秩序、以意义。

在人类崛起之前，大地上有河流而无道路。从第一条人造的小径开始，人类就开始了塑造天地的命运。我们注定是破坏者和建设者，注定是守旧者和创新者。我们是天地间偶然涌现的万物之末，却偶然拥有了经纬天地、改命万物的能量。但所谓经纬天地，也就是破坏天地，打乱万物，而按我们自以为是的蓝图，重新编码、排序。

扰乱了天地，却说天地静穆；打乱了万物，却说万物光辉——这是人类的蛮横，也是人类必不可少的天真。就像我用词语搅乱你的思想，再试图用这搅乱者让它重新获得思想。

在下山的路上继续攀登

生命就像一座山，上山下山。

前一半，是接连不断的上升；后一半，是命中注定的下落。

上升的时刻是注定的美好：对未来，全是更高的梦想；对过去，全是成长的记忆。

下落的过程则是难以摆脱的伤感：前面是更低的低谷；后面是永远失去了的美好过往。

我们的身体，在 25 岁前后达到了成熟的巅峰，15 岁之前尚显得青涩，35 岁之后是安定和沉静。

我们的精力，在 30 岁前后达到了巅峰；我们的思维，在 40 岁前后达到了巅峰……

45 岁之后，生理上所有方面都已经下行，除了后天修炼而来的人格、领导力等少数方面。

童年就是整个没心没肺，无论当时多么美好都无须留恋，毕竟前面还有大把大把的时光可以去浪费。

少年的伤感就是意识到了自身的美丽，意识到了凡美丽的事物都会凋零，哪怕它似乎还很遥远。

青年就是开始抵达生理巅峰后的责任承担：掌握工作，生育子女。

然后呢？

当子女挥手道别，我们获得了自由，也丧失了存在下去的生物学理由。

我们从此为自己而活，却发现已经走在下坡的路上。

现在，我们是在努力还是挣扎?

无论是努力还是挣扎，这上帝和达尔文都没有安排的时刻，我们该如何度过?

忽然对跳广场舞有了理解和同情，与其感慨无可奈何花落去，不如以自己的方式绽放在世界眼前。

当跳广场舞的人不能称为大妈，而只能称大妹子的时候，作为广场舞大妈们的老哥老姐，我们还有什么梦想?

在下山的路上继续保持着攀登的姿态，这是倔强，还是病态?

是的，物理和生理上我们已经不被安排，从上帝和达尔文的游戏中出局，是唯一的安排。但不再接受物理和生理上命中注定的角色，岂不就是自由?!

自由意味着，我们并没有被命中注定为悲伤，或者沮丧。

自由意味着我们可以逆风飞翔，也可以随波逐流——更重要的是，随波逐流已经没有什么贬义，那么逆风飞翔就成了自由者的意外抉择，而不是外在的天命。

在下山的路上继续攀登!

为什么?

不为什么，因为我愿意，我喜欢。

不是什么胜天半子，没有什么天需要我们去战胜——天早已经忘记我们，我们也可以暂时忽略天。让我们自己来把配角玩成主角，但不是上帝和达尔文的舞台上，而是我们自己搭建的新舞台。

我们在世界的每一个角落里起舞，并不渴望它就此成为举世瞩目的中心。

十多年前，我写下“歌唱着走向死亡”的博客签名。

今天重说了一遍，无意中改成了“在下山的路上继续攀登”。

在童年眺望过死亡的人，一生再没法衰老，注定被罚终生攀登，终生歌唱。

空心生焦虑

最近许多人学佛，学道，读《道德经》，背《心经》，参加各种研习营……试图以此修筑一道防线，抵御这个时代处处弥漫的焦虑的侵袭。

殊不知空心最易生焦虑，所有这些防御的修炼，事实不过是为焦虑化装易容。

人这个物种，会愤怒，会焦虑，会不安，会感动……所有这一切，都是进化造就的生存伎俩，本来，我们没有必要为焦虑而焦虑。

既然焦虑是一种生存警示机制，那就找出问题的根本，去解决它。发现是一时解决不了的问题，那就悬置起来！

对，没法悬置，这就是焦虑之为焦虑。明知道想来想去根本没用，还是会忍不住想，想多了，就胡思乱想，瞎想、幻想、猜想，颠倒梦想！

譬如中国经济走向究竟是上行还是下行，孩子有没有可能在未来赢得胜利，死后究竟是上帝还是佛陀在迎接我们……类似这样的问题，都是需要每天努力，但不可以渴望今天就有答案的，任何渴望今天就奠定胜利的想法，都是颠倒梦想，都是对生活本身的否定。

生活，就是与不确定性共舞。对遥远的未来有信心，又有当下切切实实的行动，无论未来最终怎样，至少今天是充满希望的，是快乐的。过于苛求安全，其实还是源于恐惧和虚弱。

空心生焦虑，想要避免焦虑的啃噬，最好的办法是让心里长一点健康的东西。

读佛经已经是治疗了，我所谓的健康，是指在此之前，就像禅宗大师所领悟的那样，在一切还未成为疾病的时候。

一个奋斗着想在京城买房的年轻人是健康的，虽然他可能失败，也可能他在经济学上是愚不可及的，但他的心是朴素而健康的。

一个在街角摆摊削甘蔗的老人是健康的，他的乐观，他对每一分收益的愉悦和得意，比大多数仅靠股份收益就超过他万倍的人更健康。

一个幻想着逃学、打游戏、谈恋爱的学生是健康的，他绝对比想着必须要考第一名的同学更健康——但真心想要考好考试的学生同样也是健康的，因为那是他的道路。不健康的是为此忧虑不已的父母，是自己让学生们考试却总对考不到前一半的人不满愤怒的老师！

心，像原始人那样，充满着对明天的希望，这就是健康。

明天动摇起来，虚无起来，焦虑就产生了，生活就病态了。

你不在心田里播种庄稼，它自然生长野草。

心田里的庄稼，就是对明天的希望。

远离颠倒梦想，认真播种耕耘。

别企图规划上帝和你孩子未来才能决定的事。

规划你自己的人生，即使剩余不过三四十年，那也相当于大多数古代人的整整一生！

重新开始，去真正地学习，去奋斗（包含必然的失败），去进步（包含可能的退步），而不是早早地躲到佛经里，提前做一个活死人。

去恋爱呀！你还很年轻，而世界也正年轻！

虚无与觉悟

发现人生的虚无并不可怕，这是一种幸运，一种觉醒。

可怕的乃是人生被麻醉：被体制麻醉，被神话麻醉，被宗教麻醉，被经济的繁荣麻醉，被家庭的幸福和事业的成功麻醉，被诗歌和音乐麻醉……

一切皆空！这是佛教的当头棒喝，其实所有抵达生命最高觉悟的人，都曾有过这样的时刻，只是，他们不会停留在这一刻。

一切皆空，这就是生命的严重时刻，这就是生命的转向、人生的转折。这一刻前，是醉死梦生的王子，这一刻后，是苦苦寻觅并最终证道的佛陀；这一刻前，是矩阵里无知无觉的其中一个，这一刻后，是庄周，是苏格拉底……

遭遇虚无，这是多么可怕的体验，这种生命的严重性，是绝大多数哲学教授所不曾遭遇的，但食指、海子们出乎天才的本性，率先遭遇了。无论是《相信未来》还是《面朝大海，春暖花开》，都是对这一虚无做顽强抵抗的见证。在那一刻，诗人以为自己战胜了虚无，但最后才发现，仍然是无边的虚无吞没了自己。

虚无是不能战胜的，它只能超越：超越是包含，是转化。无论是庄周的逍遥游，儒家的生生不息与心即天地，还是佛家的缘起性空，都是这样的包含、转化、超越，就像莲花出乎淤泥而不离淤泥，并且，深深地扎根于淤泥。

我非我：一个是被肉身束缚的法律意义上的我，与他人是隔离的自我；一个是拥有历史、经历，与他者息息相关的因缘整体性之我，不妨叫作“缘起之我”。

那么什么是空呢？空，就是一起缘起缘灭，无物常驻，万事皆流，但这流动也是涌现，是绽放，是凋谢。

那么什么是失去呢？失去就是珍惜，就是美好之物成为记忆，成为词语，成为艺术，成为觉悟。

那么什么是实实在在的拥有呢？什么是实实在在的存在呢？

这是一个觉悟，这需要一个觉悟，觉悟到一切之空，但虚无中可以诞生出莲花，而时间不过是人类的“错觉”。

此花绽放之际，于此心永恒。后人知与不知，乃至后人是否于此受惠，都属其次，首先是此心明亮，觉悟，绽放。然后它的凋零中有种子永存于语言，须知每一个语词里，有过无数口吐此语者的恩惠——无此传播，它无法经过漫长的河流，流抵你我。

如如。

让心灵投射在微小而美好的事物上

心不是镜子，心是灯。

心认识天地万物，不是以镜子的方式，不动声色地，“客观地”，把万物倒映在心里。仿佛一样东西、一件事情，它们本身带着悲喜，烙印在我们心里，让我们悲喜起来——不，不是这样的。

我们看见一个美女，不是她客观上本是美的，是因为我们的欲望造就了我们的审美，我们的审美把她看成美女。美女在和尚和太监眼里，也依然是美女，因为他们毕竟还是人，有着人共同的生物欲求。但是，如果这和尚与太监没有在心灵上达到超越处境，那么他们赋予美女的附加认识，就分别是饥渴和嫉恨。

心不是冷冰冰的镜子，也不是扭曲认识的哈哈镜。

是心决定了我们能够看到什么，以及看不到什么。而看到的，也不是客观的真相。没有真相，除了人，没有生物能够去认识，没有去认识，也就谈不上真相或者真理。没有真相，有的只是立场——站在何处，决定了我们能够看见什么，以及把事物理解成什么。

佛教深谙这个道理，它说，因为我们有六根——眼耳鼻舌身意，才有了六尘——色声香味触法。是眼睛赋予了万物颜色，是鼻子赋予了万物气味，是心灵赋予了万物知识……

你当然可以用科学主义的方式来反驳，而且自圆其说。但离开了眼睛存在颜色吗？客观的颜色，究竟是个什么鬼？声音、味道，都是这个道理。

那么，这一锅粥的事务又为什么成为一锅粥？乃是因为“我”沉溺于其中了！

如果一个不在其中的人，这一锅粥的事务乃是一则信息，一个消息，就像此刻，草丛里，蟋蟀在啃吃秋草叶。

我沉溺其中，意味着它是我的因缘整体、因缘世界，或者，它就是我自己，是我投射给世界的一部分虚影。但我无力整理。

因缘整体的破损，或者是多年操劳事物的毁坏，一棵照看了数十年的大树枯萎了，一亩地的禾苗倒伏了。或者，是彼此扶持的人离去了、背叛了。爱人成为敌人，背后捅上一刀，契约被毁，而作为更大共同体的“社会”，也可能只是我们愿望的投射，在某些时候，你能看到它们的虚弱，同时也就看清了自己的懦弱。

乱成一锅粥，最大的原因可能是：自己迷失了自己。

不只是现在往哪里去的问题，而是现在一切还有什么意义的问题。

如果灵山可能是奥兹国，我们是否还应该前往？

瞧，多么混乱的心灵！

简洁的心灵是沉溺于美好的事物，仿佛那就是报酬本身——就像孩子玩游戏，他需要什么报酬？不，所有的报酬都会毁了游戏的快乐，除非我们把报酬设计为过关时的奖励。

如何回去？回到纯粹的游戏？

也就是让心灵投身一件哪怕很微小，但心灵说它很美好的事。

这依然只是心灵的投影而已，但它有了一点自知之明，它确保了因缘世界的完整与美好。

毕竟，哪怕一根最细微的火柴，也是心灵把握了自己，照亮了世界的证明。

五十以后，干干净净做自己

孔子六十三岁时，带着弟子们投奔陈国，谋求更大发展。结果陈国战乱，孔子和首批儒家骨干被困于乡野路边。那时候，整个儒门只能用“穷途末路，贫困潦倒”这八个字来形容，就连最勇敢、最忠诚的子路，也对孔子的道路产生了怀疑。

我比孔子幸运，五十岁就遭遇到了最大的背叛和毁约，以及各种潜规则，放不上台面的狗血操作。这个过程中，团队内部同样免不了会有已经说出口和还未说出口的质疑。我说幸运，是因为“动乱”发生在我五十岁这一年——哪怕失去一切，我都还能够“从头再来”。

不过，真的值得重新再来一次吗？

对过去的一切，真的无怨无悔吗？

我不会把自己的生命滞留于“背叛”，或者“仇恨”“复仇”。假如没有了创造，假如停止了思与诗的涌现，那么我就提前在五十岁死亡，而且悼词里不配有任何一个诸如“仁智勇”的词语。

所以，重新再来一次又一次的，只能是生命的创造，其余一切，春花秋月何时了，身外的万物循环，左右不了，躲避不尽，那就随它们去吧。从流水般的岁月里一次次超越流逝，一次次从头再来的，唯创造之心，唯不屈之志，就像尼采所说的：相同者的永恒轮回，求强力的意志。

五十多岁时，孔子终于知道了自己的天命：“教化天下。”我的天命要轻得多，所以知天命的年纪也就小很多。三十岁之前那几年，我越来越清楚地认识到自己的一生宿命:“在教育中寻找到必死之生的存在意义，让生命和教育一道进化、一并更新。”

然后，三十五岁开始，我流浪大地，寻找着教育的真谛。在这个过程中，“迷惑”是从来没有过的，“诱惑”倒是从来不缺少。所以我比其他《论语》诠释者，更听得懂“四十不惑”的真谛。

此生最大的奉献，也许是创造了全人之美课程的框架，并把之前十多年的各种课程创新、理念推演，一并安置于全人之美课程中——这是我能想到的最美好的课程体系。

而此生最大的“受惑”，也许就是依托全人之美课程，组建了南明教育团队。书生的劣根性，与时代的脱节，加上个别人从内部对团队文化、团队利益多次严重侵害……

为什么如此美好的事物，为什么如此真诚地用心，却没有带给自己和同行者足够美好的回应?

最近重读孔子，知道我吃过的苦，还不足论“天下之至诚”，更知道那些年轻人的经历，远远谈不上对“道”或者“存在真理”的切身体会与印证。如果是做一般的事业，不需要这些照样能成功，甚至更成功，但如果是“以教育缓慢变革大地，延续一个道统”，那它怎么可能容易?

“为天地立心，为生民立命，为往圣继绝学，为万世开太平。”先儒的雄心，放在我们身上，至少也应该保留“替天地立心，助学生立命，为往圣继绝学”这几句吧。

在这个世界上，任何真正的创造都是“逆熵”，都是“逆风飞翔”。轻松成功的事情轮不到我们这些读书出身的人，贵二代、富二代、贵且富的第三代们早已经占据了所有轻松成功的入口。他们是既得利益者，也是现有秩序维护者。所谓创造，就是要突破既有格局，创造出在他们的位置上看不到、做不成的事物。这很难!

如果我曾因自己经历的艰难，才有所领悟，有所创造，那么我完全不必担心团队中的后来者创造不了，负荷不了——他们的创造力，将一样来自他们的负荷!谁想替他们去扛，谁就阻断了他们去成长、去领会、去创造！

所以，我应该放下心来，把来不及彻底完成的课程，交托给比我更有潜力的年轻同道——而我若再断断续续贡献一些案例，也算是我个人不屈地努力。我放手，我确信全人之美课程的生长性：在小学和初中扎扎实实做好课程，后面的课程几乎就是自然而然地继续成长，没有关键性的难度。难在奠基，难在全人之美课程 1.0、2.0 版的丰富浪漫和 3.0 版的思辨研究。

也就是说，无论是全人之美课程，还是南明教育团队，我都不再“一肩负荷”了。越是基于我个体自身的成长、创造，就越是对这个课程和这个团队有所贡献，因为也许唯有如此，才不迷失这一切的本来面目。

回到《论语》课程，即便已经有了千百种《论语》解读和研究，我确信我的诠释依然很有价值，它的独到之处前所未有，而且确实能很大程度地重现孔子的真理。然后，是深刻影响了我一生的另一本书《庄子》。

同步的，是回到汉字字源研究。和《论语》一样，无论别人出了多少书，我的研究依然是独到的，是能够帮助解决许多古籍诠释问题的，因此，也是值得我去为它“浪费”生命的美好事情。

当然，还有深度语文，这是我的老本行，也是我结交教育界朋友的一点“资本”。

这就是我所谓的重新回到自己，干干净净的自己。

人不只是一具肉身而已，人是他的因缘整体。我放弃了少年时最爱的绘画，放弃了从商的契机，放弃了文学，放弃了试图从科学的角度追问世界和人性的奥秘，放弃了对东西方上帝的追寻……但只要用心走过，那一切便还在血液深处，并汇入我所信守的教育天命中。

回到自己，就是回到这个因缘整体的核心之地。

一碗米饭，两块腐乳，一个鸡蛋，一棵青菜或者一碗蔬菜汤，还有一杯咖啡或者红茶，足以支撑起肉身继续行走大地，而且怡然自乐，虽天下之美味有过于此，但又何益哉？

从不进网红书店做读书状，因为读书是随时随地，像呼吸一样原始的事。读书这件事，若仪式太多，就找不回原始感觉了。回到读书“破”万卷，用一支支笔，勾画批解，把一本书占有为独一无二的“我的书”。

坚持写作，坚持用文字与世界交流，坚持一种批判的姿态，坚持确保真诚、朝向深刻，决不去迎合人数最多的那种见解。

从此，世界变小了，干净了。

我携带着自己的小世界，行走于繁华的大地上，属于我的时间很长也很短，每一段时光，都改写着这部戏剧，喜剧，抑或悲剧，甚至闹剧……没有人可以写下自己故事的结局。

干式禅喃

掌握着书写是多么重要，因为历史不是发生过的事情，而是写出来的事情。

志大才疏的李广，被司马迁写成了孤胆英雄，而同一时代功名赫赫的霍去病、卫青，却在《史记》的伟大修辞里黯然失色。每一个末代皇帝，都无一例外地被写成荒淫、贪婪、自大……因为他们的历史是敌人来写的。

要么，我自己掌握着书写；要么，由别人来涂抹我的历史？

其实，只要有伟大的诗篇留存下来，哪怕你生前和伟大的诗人们一样，其实都不懂政治、经济，脾气不好，又自以为是，但所有后来者都将是你的子嗣，因为他们不得不以这些词语为乳、为食、为药。

所以，做漂亮就行了，骂声只是暂时的，只要你足够漂亮、动人、迷人，人们不久就会忘记一切，而来杜撰你的美德——他们需要说服自己为什么会迷上美色。

为什么要仇恨一个几乎陌生的人？

我们不会仇恨一块石头、一棵树。

我们只会仇恨用石头砸了我们家人，以及用树遮蔽了我们院子的人。

我们只会仇恨有思想和情感的同类，在仇恨里面，是我们孩子般的脾气：为什么为什么为什么，为什么你不满足我的需求？

真正的陌生人我们是不会仇恨的，我们仇恨，一定是我们从被仇恨的人那里看到了自己，或者把他当成了自己心里的某个人，比如父亲、老师、孩子、丈夫、情人……

不要在网络上复制自己。

因为网络的本质就是复制它自己——所有的病毒、文化、思想，都在复制着自我。生命，和生命制造的一切，都带有生命的特质，但这却是和病毒一个等级的尊严。

自我复制乃是生命的第一规则，但它不是自由，它是向下的那个“相同者的永恒轮回”。

电影越来越不好看了？

真相是，电影越来越难制作了！那么多具有创造力的人，已经用一百来年时间耗尽了人类可能欢喜的有限题材、有限表达——就刺激人类欲望而言，电影已经过时了。

于是有人从电影回到阅读，以为阅读是更贴近人类本性的。其实不然，阅读比电影更不自然。因为阅读是通过文字重演的，电影不仅有语言，更有活动的图像，这超越一切语言。

声音，才是比文字更接近人类本性的，甚至，比图像更原始——因为声音不仅仅是语言，声音本身就是带有情绪的，带着原始气息的。就表现喜怒爱欲而言，没有比声音更本真的手段了。

当然，比声音更能逗引人心的，是气息，是味觉，是触觉。当人类还没进化出眼睛和耳朵时，它们就已经存在了。什么时候，电影做到了好吃、好闻、手感良好，它就再次获得了成功。或者，会有新的艺术，比如连接大脑物电子模拟矩阵，能让人类乐不思蜀。

对了，如果教育不只调动人类的视觉和听觉，而同时调动人类的味觉、嗅觉、触觉，会不会也能更好一些？

学术是有边界的。名人、杰出者，并不是在所有领域都是明白人。

据说哲学家邓晓芒认为《红楼梦》可以不必读，不如读《唐璜》更有价值。他大概是从纯思想的角度来评价两部作品，却没意识到这样一个既定事实：一个伟大作品，对诞生它的那个民族，会倒过来进行思想和语言的塑造。所以，作为后来者，对母语中的杰出作品无论是领会、鉴赏还是批判，都先得有一个“同情地理解”为前提。

著名学者李零研究《论语》，许多“还原”确实有独到之处，但是，却只看得到生活的孔子，而丧失了内在精神的那个孔子，孔子被矮化为一个普通人，他精神的独特处不见了。同理，我们对庄周、对李白、对苏轼，若仅仅还原他们的生活，是无法领会那些伟大的精神、瑰丽的诗句是何等神奇的。

所以我曾不止一次说，李零训诂考据做得好，义理嘛，可以说是根本不通——因为他在科学之路走得太久了，忘了哲学并不是科学。中国古代哲学，也就是道之学。要进入这种道之学，诠释学的方法，或者说“述而不作”的“述”的方法，或许是最佳的道路。

外在的生活，解释不了内在精神的伟大，无论孔丘还是庄周，他们的价值都在一个人所抵达的内在境界。

许多流行文字只回答了外在的东西，而没有显现作品本身的意义。

当李一诺遭遇范雨素

一

前几天走了一趟北京，听到两个“现象级”的女性名字，和其中一个做了深入交流，另一个据说有交往自闭症，一走红就躲人去了。

当朋友不经意间说起有个叫范雨素的育儿嫂写了篇《我叫范雨素》的文章时，我确实毫不在意。直到李一诺写了《范雨素和我有什么关系》一文，我才同时把两篇文章看了。

说实话，我确实被“震”了。不是感动，而是被文学的力量、文字的力量和生命的神秘再度震撼。

二

虽然大多数人先于我阅读了这两篇文章，但为了说出我的震撼，还是得择要复述。

范雨素的文章，如果没有后来的走红，主要就是一个“失败者”的写照：

> 12 岁那年在老家开始做乡村小学的民办老师……我不能忍

受在乡下坐井观天的枯燥日子，来到了北京。我要看看大世界。那年我20岁。

来北京以后，过得不顺畅。主要因为我懒散，手脚不利索，笨。别人花半个小时干完的活，我花三个小时也干不完。手太笨了，比一般的人都笨。上饭馆做服务员，我端着盘子上菜，愣会摔一跤，把盘子打碎。

我在北京蹉跎了两年，觉得自己是一个看不到理想火苗的人。便和一个东北人结婚，草草地把自己嫁了。结婚短短五六年，生了两个女儿……我实在受不了家暴，便决定带着两个孩子回老家襄阳求助。那个男人没有找我们……我回到了老家，告诉母亲，以后我要独自带着两个女儿生活了。

而李一诺的文字，虽然写的是教育的公平和希望，但首先吸引又压迫读者的，总是她的履历：

我的工作的确是一直比较“高大上”的。2005年加入麦肯锡的时候，起薪是11万美金，记得当时很震惊，觉得会数钱数不过来。

最近到盖茨基金会这两年，核心价值观是“所有生命价值平等”，做和消除不平等相关的工作，挺好。

不如直接把她的官方履历剪切过来：

李一诺，清华大学生物系本科，加州大学洛杉矶分校分子生物学博士。

2005年开始进入麦肯锡公司，于2011年升为麦肯锡公司全球董事合伙人。

2015年6月李一诺开始担任盖茨基金会北京代表处首席

代表。

2016 年 3 月 16 日，李一诺当选 2016 年“全球青年领袖”。

显然，和范雨素完全不同，这是一个“豪华版成功者”的速写——“成功者中的成功者”。

如此不同的两个女性，仅仅是在某个特定的角度，李一诺和范雨素现在几乎是走到了一起：她们都成了“育儿嫂”，成了教育者，并成了众人关注的焦点。

三

何谓成败？它是依据既定目标来确定的。

何谓成功者或失败者？它是依据既定社会标准来确定的。脱离了社会认定的尺度，每一个人都可以宣称自己是成功者或者失败者。

个人能做的，是接受桂冠或者抛弃，甚至背叛，是俯首称臣还是拒绝投降。但自己宣称自己为成功者或者失败者，那只是词语游戏而已。

柏拉图的《理想国》，就是一部给人分类的理想标准教科书。诗人们为什么必须被驱逐出城邦？因为诗人们既在歌颂秩序，也在歌颂越界，后者是“理想国”所不能许可的。

只是生而为人，似乎比一切宿命和秩序还多了些什么。

多的也许就是自然和自由这两个词语。

人并不能按既定的流程被复制，他的自然天性里已经埋藏着可能与不可能、热爱与冷漠的种子——这就是“自然”，道家和华德福一派所反复强调的这不容抹杀的人性和个性。

外在秩序和既定标准不能，先天基因和过往经历同样不能决定一个人注定成为什么；即使人无法实现梦想，至少他可以抗拒和拒绝——这就是“自由”二字的意义。

教育，正是在自然、规范、自由三者之间展开。

四

假如李一诺和范雨素在同一间教室读小学，那又会怎样？

是李一诺完虐范雨素，还是范雨素对抗李一诺？

其实，世间并不存在缩微版的李一诺，也不存在缩微版的范雨素，在生命的开端，她们是如此相似又如此不同，只是教育和偶然，加上不可复制的过往，才把两个天真的女孩分别塑造成了李一诺和范雨素。

假如读过童书《一百条裙子》，肯定会把佩琪和旺达的故事叠加进来。但其实我们的教育完全不是一个学霸欺凌学渣的故事，而是教育制造了少量学霸和少量学渣，以及大量学庸的故事。

无论是学霸还是学渣、学庸，他们都是教育的产品，但是，都既不符合人的天性，也没有带来一个创造、友好、自由的未来。

五

更准确地说，李一诺的故事是一个学霸超越学霸，最后拒绝学霸的故事。而范雨素的故事，是一个学渣拒绝投降，最后超越学霸的故事。

在理想状态下，教育不是以李一诺、范雨素或者谁谁谁为样本来进行复制的，而是允许每一个生命释放出他的潜能，成为他自己喜欢的样子、能够成为的样子。整个过程的每一天，都应该自由、充沛、安宁，又充满无限挑战的可能。

但毫无疑问，我们的教育自以为懂得李一诺，并自以为在按这个标准培养下一代。

其实，即使进入清华园的李一诺，也仅仅在考分这一方面由我们的教育培养。或者说，仅仅是在取得高分这一方面，李一诺符合了教育的标准。

李一诺对当前教育的最大意义，不是她考上了清华，成了麦肯锡合伙人，而是她诠释了成功后的生命自由，生命并不被成功永久束缚。

以自由的名义，她超越了学霸们的生活追求、学霸们的思维方式、学霸们的生命格局。

而范雨素则诠释了失败后的生命自由，生命并不被失败永久束缚。

但是，赋予她自由种子的，是无私的母爱，是文学，是书籍……

范雨素的故事不是一个孤胆英雄奋斗到底，终于取得胜利的故事，而是一个“相信自己，相信岁月”的宁静故事，是种子在寂寞中一天天长成树，开出花的故事。

哪一个故事更有价值？

我以为，为了见证人的自由，我们需要更多的李一诺，让我们能不被成功束缚；我们需要更多的范雨素，让我们能不被失败束缚；我们需要张忠华、张砷镓们等异体制者最终写出各自生命的传奇，为人类的自由和教育的变革作证。

缅怀那永远逝去了的BBS争鸣时代

最近有几个旧朋友写文章批判我——这是很荣幸的事，尤其是，那些批判除了极少数修辞出格，我觉得更多像是在表扬。我相信，这应该是对我过去岁月里努力保持言说和行动的真诚，所做的回应。

还有几个朋友写文章为我以及我的观点辩护——这是令我既尴尬又感动的事。辩护可能会陷入无尽的自我解释，以及更多的误读误解，但同声相应、同气相求，是世间友情永恒的法则。

无论如何，争鸣既不该是自我辩护，也不该是相互辱骂。批判与反批判，都应该是有明确共同话题的真诚对话。当大家都成了意气用事，成了自我辩护，成了攻击对方，这就无趣得很，最后只能落得一地鸡毛，贻笑大方而已。

辩论的关键不是战胜对方或者羞辱对方，辩论的价值在于能不能借着对话、争鸣把问题看得更清楚些。

比如，这次对话的缘起，是我想追问教师有没有不参与教研、共读的自由——这个话题敏感得很，支持和反对方都不是少数，而且以后还会持久地对峙下去。那么，怎么可能用人身攻击来解决这个复杂问题呢？怎么能够把人身攻击当成对这个有思辨、争鸣价值的问题的辨析呢？

事实上，此前某天，我接受了新校长传媒的约稿，计划写一篇题为《教师有自甘堕落的权力吗》的文章，文章仅仅是我个人从自己的偏见出发，对“教师培训”这个时代难题做了一番个人沉思。我的思考难免带有“政治性”，但我的本意，依然是现象学式地回到事物本身，从事物缘何存在、为何异化的逻辑，来思考这个问题。

《教师共读，请放下你的手机》可以算是这篇文章的试水，看看我的观点在没有充分阐释的情况下，如何被大家解读。我发现，文章的运思是非政治性的，但大多数解读明显是政治性的。也就是说，一些读者是用阶级斗争的框架来思考这个问题的：政府和个体是对立的，规则和自由是对立的，校长和教师是对立的，学习和生活是对立的……而我，则被安排在一线教师讨厌的那个方阵里，成了自己曾经讨厌的人。也就是说，批评者认为，我以前曾是民间立场，现在已经自己内心里完成招安，改成了官方立场。

这样的解读视角、解读策略其实我很熟悉，2003 年我初上教育论坛，和那么多人交锋交流，我发现，这种阶级斗争论是最为普遍的。而网络发展二十多年，人们不是越来越开放，而是越来越闭塞；不是越来越中允，而是越来越偏激；不是越来越会倾听，而是越来越拒绝倾听……

所以有人说，曾经那么热衷于和人争鸣的“干干”之所以厌倦了争论，主要是因为高手越来越少了。其实呢，昔日高手慢慢变成低手只是次要原因，主要原因是我发现人们的观点越来越极端化，站队之后，再也不愿意改变自己的立场了。在这样的前提下，我们不是在争鸣，而只是在争吵，不是在对话，只是在自说自话而已。学习没有发生，民主没有发生，观念的进化也没有发生——也许人们喜欢这样，但我个人不愿意这样。

我上网、争鸣，都是为了突破我自己（因为我曾经一个人在深山里孤独地阅读思索了十多年）。当然，我也有自我炫耀、自我表现的隐秘需求，但是，展示战胜有这个功能，展示进化同样有这个功能——如果我能展示出自己的进步，虽然可能会失去临时的同一观点阵营者的支持，但却能够得到更多中立者的支持。所以，我一直拒绝在论坛上站队、结党。因为一旦章程确立之后，你也就丧失了独立思想的前提。确实，我为此不断失去“战友”，也曾和许多昔日朋友“绝交”，但我无悔于自己的选择：因为我本就不是来交朋友的，而是来寻真理的，我是在寻真理的过程中结交了这些值得交往的精彩的人，现在又为此而失去了，即使很遗憾，却并没有什么可以懊恼的。我不是说我拥有了真理，而是说我是在求真理——事实上，真理不会那么巧就落在我这一边，更不会落在我的口袋里。所以，求真理是一种认真又谦卑的姿态，而不是真理在握的自信满满。

当年，我还不清楚什么是后现代、前现代，但因为和一个硕士毕业的网友大战三百回合，结果我在持久的争鸣过程中读了好几本相关的专著，最后我告诉那位网友："谢谢你把我带入有关后现代的思考，现在我可以认为对这些概念的领会，我已经超过了你。"他认同我的说法。

把握存在主义哲学、结构主义、解构主义，以及海德格尔、哈贝马斯、伽达默尔等，甚至重读和重新理解《庄子》《论语》《中庸》《道德经》等，大都是在这样的争鸣过程中开始的。

这样的争鸣让我有很多年保持了每年读几十本厚厚学术专著的阅读量，而且争鸣中的阅读质量要远远高过消费性阅读。

这样的争鸣还让我完成了一些有力度的论文、课案、随笔，以及帮助我设计全新的课程。无论是"从毛虫到蝴蝶——儿童阶梯阅读"、深度语文，还是最后的"全人之美课程"，相当程度上，都是这样持久对话、持久争鸣的结果。因为一切思考，最终还是会回到实践上，会回到自己的存在。争鸣，仅仅是为了让自己看清，不想让自己被蒙蔽着。而行动带来的"改变因缘世界"，才能产生深远的价值感和意义感，不至于深夜里终感空虚。

这，就是开放的、对话的、学习的 BBS 论坛带给我的财富。可以说，我"硕士""博士"或者"博士后"的大学都是 BBS 论坛，同学就是广大同样求真理的网友，而导师，则是一切沉默着等候我前去对话的经典。

我知道此刻我是在炫耀，在自我夸耀。我清楚这会让一些人敬佩而让另一些人极度反感——而我，也是通过这样的反复叙述在完成自己的网络形象。

后来，BBS 消亡了。更自我表现、自我主张的博客、微博、朋友圈相继涌现，在这里人们不再理性交流、真诚对话，而是用绝不自我怀疑、绝不自我修正的观点，去羞辱、打击、打压观点相反的人。

当然，比相互攻击更普遍的是自我复制，软件只向你呈现让你舒适的文章。如果你有能力不断地为与你观点相近的人写文章，那么就会在你周围汇聚起一帮志同道合的人。虽然有想当教主的嫌疑，但这样挺热闹、挺红火、挺好啊。也许，最不愿意成为这模样的我，也被软件的逻辑塑造成这个模样了吧？

还有更自觉的时代弄潮儿，那就是为了获得更多的点赞，不断地修改自己的表达，最后修改自己的观点，成为一个为了赢得点赞而致力于恭维读者的博主。

一个有着上一个时代书生清高的人，是没法在这个时代红火的。

BBS 时代的网红，在抖音时代还想红火只能成为可笑的悲剧。

但我有书籍、课堂、课程，和同样致力于理解深度而不是站队的同道，我并不寂寞。那我就笑看这个时代潮起潮落，并等待着亲眼看到这个抖音时代同样走到了落幕。

五十而已

因为疫情，快两年没回家了，和老同学见面，有些甚至是上个世纪的事。

老师健在，见面便多一个理由，多一种不经意的仪式。作为游子的我，总有幸坐在老师身边——虽然那时候，我就是最惹全校老师生气的那个孩子，包括最爱我的几个老师，一样最生我的气。

坐下来就发现，女同学还是那么年轻漂亮，男同学大半逐渐长残了——就像我的一头白发，已经小有名气地飘荡了十来年。

然而，即使是依然漂亮的女同学，也已经陆续退居二线，从领导到老领导，从最重要的岗位到有座无位、有位无岗的地方。

几乎所有同学，都困于老花眼，即使再想读书，也有心无力，至少眼睛不答应。

想想也是，新教育实验都为我写了缅怀的追忆之词，再不珍惜，仿佛一切都成了过去，难道世界从此不再是我们的世界？

听着他们，尤其是她们，讲儿女，讲即将陆续到来的孙儿，我微笑着感觉到了荒谬：昨天你还坐在我的前面，我还在犹豫要不要表示一下好感，怎么今天突然大家都儿孙满堂，一个个熟悉着配角的台词？

五十而已啊！孔子在五十岁之后，才知道了自己一生的天命，才开始流浪各国，寻找和开辟自己的教化理想国。

而我，和我们，却已经把舞台让给了别人，是不是准备占据广场，只把那里当成展示生命的地方（广场舞）？

我还不甘心。

我知道世界从来不是我的世界，我只是被抛入这个世界，当我爱上了之后，还将被抛出这个世界。

但就我的那个故事而言，我是唯一的主角——对你也是如此。

即使我选择隐居（我确实选择隐居了许多年），即使我选择让位，我依然是以唯一主角的身份，在选择，在行动，在书写。

可是，这个故事还有意义吗？它是我们与生俱来的那个安排好了的旧剧本吗？是别人使用过无数次，我们接着在使用吗？

五十知天命，天地赋予一个人的使命。养儿育女，我们完成了，可是这和公鸡母鸭有什么区别？

属于我个人的，仅仅属于我自己的，我来此一遭的理由呢？

当我们把儿女送出家门的那一刻，我们就知道我们得为自己而活着。

我知道这是女生们精心打扮自己的原因，因为她们最在乎的是健康和美貌。

我们都想回去，而没有想过继续成长。

我曾经分析过，东方有两种时间观：相同事物的永恒轮回（日月、潮汐、春秋），和流水、飞箭的一去不回。我相信，对于生命而言，后者更为本质，所有老树都比它们年轻的时候迷人。

五十而已，亲爱的女同学和男同学，我回不去故乡了，但远方很美，我回不去少年了，但剩下的时间，我说的每一句话都胜过十八岁那时的豪言壮语。

就这样榨干身上每一滴油腻

最近一段时间，我有一点点疯。身边的人也多这么说。

先是在休宁，筹建中的南山学校，闭门读书，把哲学当成小说读，每天十五六小时，连续读了十多天。有时有饭无菜，有时干脆忘了吃饭，只是沉浸在哲人的思想中，也不去想余生还能做些什么。

然后就突然出关，频频往旗下学校走，往朋友学校走。演讲，报告，上课，听课，密集到很多时候一天超过十二小时的教研。我还多处叮嘱：多安排一些任务，尽量安排我上课……同时，重新启用微信公众号，更名“痴且狂”，每天一篇原创小文，日不间断，忽然已经过了一个多月。

而在旅途中，阅读也依然保持着。在遭遇新的朋友后，愿意开启新的书单，去尝试接触一个新的世界。

兄弟们问我怎么了，我迟疑了一阵，说：“去掉油腻！”

人到中年，新陈代谢减缓，而饮食却保持着原来的量，所以难免有许多脂肪、淀粉、蛋白质积淀下来，变成肚腩，变成双下颌，变成日益攀升的体重……人到中年，难免没有了生存压力，又丧失了继续攀登高峰的渴望，于是，转而去寻求一些奇奇怪怪的东西……此二者并发，人称“中年油腻”，因为只发生在男性身上，所以尊称“中年油腻男”。

中年油腻男的症状五花八门，但病根子只有一个：安全了，以为也自由了。其实只是把安全当成了自由，丧失了飞翔的欲望，丧失了出走的勇气，丧失了重新来过的斗志。

泡壶茶，搞点茶艺，文雅的只是一张表皮，其实最有可能此处满是油和腻。伪茶道不行，伪花道也不行，伪书画，伪锻炼，伪登山……只要不是生命对未知和远方的渴望，一切就都是皮子表面的装潢，都是油腻了之后的浅层反油腻。

所以在我感觉到肚腩经常私自扩大它的领地后，在我感觉脑子里时不时冒出些年轻时一定会很鄙夷的想法后，就想：怎样尽快杀死这个中年油腻男。最后，发现最好的办法就是“逼上梁山”。做重复的体力活没用，除非是必须耗尽全部精力、心血的创造性事务。

以客观标准算，我一直偏瘦，一米七六的身高，最近才抵近六十公斤。但如果我一生习惯了以这样的身高承受这样的体重，以这样的体重承受这样的劳动，以这样的劳动创造着这样的新事物，突然有一天平衡被打破，那么失守的就可能不只是体重了。

保持二十岁时的体重，这只是表面现象，只是生物层面的设立关卡。保持二十岁时的热爱，这是最难的：书籍，音乐，远方，梦想，哲学……以及二十岁时还只是在默默播种，一直要到后来才有不断蜂拥的创造。

保持了创造力，也就保持了一切。五十岁后，去学习一门外语，去学习一项运动，去啃一辈子都没能啃下来的“巨著”，去翻越人生未曾翻越过的山峰。但我不需要这些，我只需要把未完成的大梦去全力实现。孔子五十三岁辞去公职，到别的国家去谋求发展——是的，他发展得很不顺利，很不成功，但那样的人生，绝不会油腻，不会无趣，而且还会继续生长。

生命到了这个时候，要成功何用？除非它就是快乐本身，否则难道你还要用成功再去兑换快乐？

要的就是痛快、意义、价值本身，它们都源于超越自我，创造词语，点亮四周。

杀死那个热气腾腾的中年油腻男，用那点油腻，做灯，做炬，做助人渡河的浑脱。

你走过，有没有造就更好的你

我是一个自以为热爱自由，别人以为脾气不好的人。

除了在绍兴上虞一所山村中学半隐居地工作了近十五年，还到过许多单位，短则一年，长则七八年，也曾多次有“就此安身立命”的愿望，但最终还是因为文章第一句话的原因，离开了可能很留恋的地方。

聚义，总是因为尺码相近，臭味相投；分手，分家，分裂，总是因为看到了彼此更深层次的不同，或者，仅仅只是利益冲突——但因梦想而汇聚的团队，很少双方都是为了博取利益而造成分家，总是有一方先丧失了初心，或者，理想担不住现实的重量。

分手，其实很自然。分分合合，聚聚散散，其实是所有生命在寻找最契合的“另一半”“失落的一角”“精神的家园”“合适的位子”。如果生命一次相遇就只能终身捆绑，那多没趣，多可怕。最安全的政策和道德规定，总是为弱者设计，并且绑架所有强者，所有自由人。

有人强调分手时的高姿态：彼此为未来祝福，彼此为曾经携手感激，忘却所有不好，至少必须隐忍，绝不相互埋怨，更不拆台，暴露隐私……

以上，我都赞同，欣赏。

我想强调的是：所有能够创造，能够快乐的生命，都不会活在复仇中。怨愤、记恨、报复……这都是把自己珍贵的生命，停留在了过去。不，应该说不只是停留在过去，他或她还因自己当前的怨念，曲解了过去，改写了过去，把过去所有的美好一笔抹去，所有的不好无限放大……

创造一个从未有过的阴暗过去，把自己困在过去里，这就是过去人们用歧视女性的词语所说的“怨妇”。为什么又是女性受伤？因为那时候的女性只能依附于别人，没有自由。除了生孩子，她不能创造，无法把握自己的命运，她只能寄托于别人，于是，得到了就绝对忠诚地去爱，失去了就是绝对用全部生命去“怨”。

甚至伟大的《离骚》，除了优美的诗句、真挚的感情，就其人格结构而言，多少也有依附，也有怨恨。也是对过去太执，只能生活于过去，不再能够去创造未来的美好。

当离开一个团队时，我自己更在乎这一点：在职期间，我的创造有没有远多于薪水？我个人有没有因为这段岁月，而变得更强大？如果答案是肯定的，那么就彼此在本质上了无挂碍。如果谁心怀怨念，那么就是他自己的原因——最大的可能就是他丧失了创造未来的能力，更希望能安然逗留在过去的结构里。

是非错对是存在的。该诉诸法律的应该诉诸法律，该呈报给媒体和社会的，不妨呈报给媒体和社会。这些是另外层面的事，我要强调的是：不要生活在过去，而要把每一段历史，当成上升的阶梯。

如何让自身上升？去为你所在的机构奉献、创造。

怎么更好地为所在机构创造更多？尽力工作，不断提升自己。

而对生命中的贵人，无论有多遗憾，最后都只留下他的好，他的珍贵。

我无限感激李玉龙兄长，和以他为核心的《教师之友》团队，我为自己曾经是那里的一名大将而自豪。

我高度尊敬朱永新老师，和以他为灵魂的中国新教育实验团队，我为自己曾经是那里的主创、主管、将帅而自豪。

我更自豪的是，在《教师之友》团队，尤其是在中国新教育实验团队，我的创造远远多于我的获得——这其实是我能够留在任何一个机构里的良心保证。但是，一个好的单位，应该能够让年轻人在创造不同的时候，给他成长的空间和时间。

我最自豪的是，在所有单位，在生命中的每一段，我都让自己完成一次次进化，变得比过去更强大、更宽容、更自由，更不依赖身外的一切，更相信自己有能力去创造新的生活，以及更好的教育、更美的课程。

世间又少一个本可以趣聊汉字的人

昨日，朋友圈频繁出现的消息，就是流沙河老先生的仙逝。

因为有幸在成都生活过，所以对先生虽不熟悉，但也并不感到遥远与陌生。虽然没能深交，但其实就在这几年，一直计划去一趟成都，和先生，以及冉云飞兄等人，较深入地聊聊汉字——因为我通过网文，感受到先生对汉字的挚爱，以及显然经过无数岁月锤炼汉字而得的真领悟、真体会。

不谦虚地说，汉字也是我的挚爱，我也曾为之花去了无数的时间，多多少少，也有一些前人所未得的独到体会。

当然，对话的冲动，一定是因为有共鸣，同时也产生了异议。

就汉字研究一途，和先生共鸣处太多太多：从语言（声音）到象形的先后顺序，最古老的经典与汉字考古之间的密切关系，古人造字的义理本身……

而异议大多是细节性的，以及因为背景的不同，必然产生的诠释学上的差异。共鸣是对话的基础，而异议才是对话的价值。此生最大的一个体验就是：我从意见完全一致的朋友那里得到的最少，从意见完全不同的敌人那里得到的较多，从有鲜明异议的朋友那里得到的最多。

所以我一直在假设一场酣畅淋漓的成都重游：和范美忠好好重新谈谈教育，十多年过去了，两个坐下来就有可能争吵的人，是不是更多了共鸣，更少了冲动？和夏昆（摩西）重新谈谈诗歌，是不是我们搞错了角色，他放下了身段普及着诗歌，而我则像教中学一样教着小学？以及，向流沙河老师请教，我这十多年来对汉字的研究，究竟哪些地方可能出了偏差，以及，还可能在哪些方面获得突破？

在成都，还有很多很多兄弟，冉云飞兄皈依基督教后，我一直因为宗教原因而有某种心理上的“避讳”——虽然我越来越喜欢和同样是基督教徒的谌洪果和傅国涌二位师友交流，在他们的身上，我既看到了纯粹，也看到了深邃。

还有华德福和第一线的诸兄，十多年了，大家一直在走，一直在前进，心灵未远，但交流确实越来越疏少。自李玉龙兄仙逝之后，成都成了一个特别的地方，我似乎没理由再去，但又觉得必须尽早过去。

因为，有趣的人都不是永生的，我们都已经不再年轻——即使我们都还很年轻，也可能一个愿望终生仅仅是愿望，而永远再没有机会实现。

比如，我就再也不能当面向流沙河先生请教汉字了，再也不能对他的几处汉字研究细节提出异议，并产生思想可能的突破了。

昨天，有朋友重发冉云飞兄《汉字是如何塑造中国人思维的》一文，冉兄主要介绍的，就是流沙河先生的汉字诠释思想。许多地方共鸣着，一些地方很想很想当面探讨。譬如文章中说：

外物撞击嗡嗡有声的不只是有钟，而且有瓮。“公字本义乃是瓮缸。公乃瓮字的古写。甲骨文公两种写法，一从口字，一从方形，皆象瓮口之形。耳朵凑近瓮口，便能听见嗡嗡之声。公古音瓮。瓮名来自嗡嗡之声，古人所谓‘其名自呼’是也。瓮口上面两撇表示发声。可知‘背厶为公’解释公字，不合文字学的要求。”（《白鱼解字》第 178 页）

这样的观点，在解释《诗经·周南·芣苡》里的芣苡是薏苡时，涉及厶而及公，进而及瓮，继续将不少人所信奉的韩非之“自营为私，背厶为公”批评了一遍（《诗经点醒》第 49~50 页）。

而对“公”字的诠释，恰恰是我的汉字考古中较为得意的一组。在我的诠释中，“八”就是平分符号，是平分事物的动作之象形。“分”字，就是用刀平分之意。而无论甲骨文还是金文的“公”，下面都是“口”，在我的诠释系统中，它有一类就是指示某对象，所以“公”，也就是平分某物。平分，即公平、公正，这才是“公”最初的意义。而周朝“公侯伯子男”五爵中以“公”为上，“侯”“伯”多是分封诸侯，反而“公爵”留守在周天子身边，这正体现了“公爵”背后“公正公平”的原初含义。后来的汉字“公”写成上“八”下“厶”，乃是汉字的一次进化，因为“厶”是人胳膊的象形，胳膊肘往里拐，这就是自私一义“自古以来天经地义”的理解。“私”，左“禾”右“厶”，“禾”是成熟的禾谷，“私”就意味着把粮食往自己家里搬。而“公”，恰恰就是针对人的自私心，提出了平分，平分即公平，即公正。这就是古汉字造字者的造字心理。

其实这是一组汉字的创造：在数字中，四里有八，六里有八，因为它们都能够平分，而八就直接写成八，因为它是能够彻底平分的那个数。

“圀”是“国”的异体字，“兲”是“天”的异体字，这两个异体字里，都隐含着人们对公平公正的渴望。

那么“兮”字上面的“八”呢？这可是《诗经》里常见的高频字，也是上古就存在，在甲骨文和金文里就出现了的汉字啊。

只有遇到了那个、那些有趣的人，才能这样无穷无尽地想下去、聊下去、琢磨下去。

谨以此文，怀念一个曾经渴望与之相遇的美好灵魂。

第五辑

知北游

阴山下，河套地，古来游牧农耕争夺处

——知北游前置课程·历史地理篇

一

阴山，一座经常出现在唐诗里的山。

阴山山脉，一条东西走向的狭长山脉。

阴山北面的荒凉大地，今天称蒙古高原，其实除了蒙古族，匈奴、鲜卑、柔然、突厥、回鹘、契丹等游牧民族都曾在此骑马奔驰，称雄史书。

阴山南面，虽比不上中原和江南，但水草渐渐丰茂，土地渐渐肥沃，人民渐渐富庶。这是农垦文明延伸到最北端的土地。

阴山，东面从河北的桦山开始，最主要的部分在呼和浩特、包头一带，称大青山，大青山以西，是乌拉山和色尔腾山，最西面部分称狼山。

阴山东西长 1200 公里左右，各处山峰的海拔在一两千米不等，最高峰 2364 米。

有人说，这是中华农耕文明的第一道防线，这道防线一旦被突破，那么黄河两岸文明最发达的地区根本无险可守，只能继续后退到秦岭—淮河、长江以南。

而就在这道防线之下，黄河几字形的两边，却有一块肥沃的农耕之地——河套地区。黄河的几字，又像一个套马的套子，所以叫河套。

二

我们游历的这一地区，有历史记载的最早“过客”，应该是商周时期的“犬戎”——考虑到“北狄”的“狄”字也有“犬”字，所以它们可能是同一类游牧部落。

犬戎曾经短暂地攻打周朝的都城（今天的西安）。

这就是历史上著名的周幽王烽火戏诸侯的故事。

烽火戏诸侯的故事是假的，但犬戎入侵，周幽王被杀，周王朝被迫迁到洛阳，西周结束、东周（春秋）开始，这个历史是真的。

但因为犬戎属于游牧民族，我们也只是依据地理和历史推测，却不能准确地指出犬戎部落当时的势力范围。

三

在战国时期，河套地区为赵国的领土。

赵国依据阴山地势，修筑了中国历史上最早的长城。《史记》记载：“赵武灵王亦变俗胡服，习骑射，北破林胡、楼烦。筑长城，自代并阴山下，至高阙为塞。”

这段文字告诉我们，赵武灵王向胡人学习，改马车作战为骑兵作战，改长袍礼服为更适合打仗的胡服，并因此打败了北方的胡人，修筑了从“代”到“高阙塞”的长城，以阻止北方游牧民族的进犯。赵国也因此成为战国时期的强国。

这个故事，发生在距今 2300 多年前。

现在依然保留比较好的一段长城在包头至石拐公路 10 公里处，高阙塞的遗址也被找到。

四

随着赵国的衰落，北方游牧民族趁机侵入原本属于赵国的河套地区。

秦统一六国之后，强大的秦王朝继续向外扩张。

秦始皇三十三年（前 214 年），秦始皇派手下大将蒙恬“西北斥逐匈奴。自榆中并河以东，属之阴山，以为四十四县，城河上为塞。又使蒙恬渡河取高阙、阳山、北假中，筑亭障以逐戎人”。(《史记 · 秦始皇本纪》)

这里的“榆中”大致相当于现在的鄂尔多斯高原；“北假中”，大致相当于今河套平原，高阙就是前面提到过的高阙塞。

不仅如此，秦始皇还修建了从都城咸阳（在今天的西安）直达河套地区的“直道”。这条被今天称为秦直道的道路，仍有部分残留在鄂尔多斯高原上。

秦朝不仅收复了河套地区，而且还在燕长城和赵长城的基础上，修筑了著名的秦长城，并屯兵河套地区，使得秦朝在安定全国的同时，没有受到北方匈奴的侵扰。

《史记 · 蒙恬列传》说：“秦已并天下，乃使蒙恬将三十万众北逐戎、狄，收河南。筑长城，因地形，用制险塞，起临洮，至辽东，延袤万余里。于是渡河，据阳山，逶蛇而北。暴师于外十余年，居上郡。是时蒙恬威振匈奴。”

上面第一句话说蒙恬驱逐了匈奴，收复了河套地区。第二句话说蒙恬负责修筑了长城。第三句话说蒙恬在边疆（上郡）驻扎十多年，上郡的行政中心在今天陕西榆林一带。第四句话说蒙恬名震匈奴。

五

秦末，各地兴兵反抗秦朝的统治，国家战乱四起。而秦朝因为内部的政治斗争，杀害了镇守上郡的大将蒙恬。

北方的游牧民族匈奴部落伺机又夺取了河套地区，并按照匈奴的分封制度，把河套地区划归给了楼烦、白羊二王。这片优质牧场就成了匈奴骑兵休养生息的栖息地，也是随时可以南下中原攻略的前进基地。

汉朝建国后，汉高祖刘邦为了防御匈奴，而将投降自己的韩信（不是淮阴侯韩信）分封到了北方前线附近的马邑。但这个弱小的封国挡不住匈奴的入侵，最后这位韩王选择了投降匈奴。汉高祖亲自带兵攻打韩王与匈奴的联军，结果却在白登山被匈奴兵马围困，虽然最后解了围，却还是成了汉朝建国历史上的一次耻辱。

公元前 127 年，汉武帝命令著名将领卫青和李息收复河套，卫青率军从云中郡出击，一直打到位于今天甘肃北部的符离。

在这场著名的河南之战中，汉军首次挫败与重创了匈奴人的主力部队，夺取了河套地区。

大臣主父偃建议在河套筑城以屯田、养马，作为防御和继续进攻匈奴的基地。

汉武帝接受了这一建议，当年就设置了朔方郡和五原郡。在爱好武功的汉武帝看来，河套地区是一个重要的军事基地。所以，汉武帝时代对河套地区的开发是有史以来力度最大的，在占据河套后，便安置了官吏卒 6 万人到当地进行屯田养兵。河套地区也因此成了西汉政治史上的一个新区。

六

汉末，先是三国鼎立，无心北方；再是魏晋南北朝，晋王室逃到长江以南，南北对峙——北方一直由少数民族成立的政权主导。

北朝民歌《敕勒歌》和《木兰诗》，大约就创作于这个时期。

敕勒川，就是一条发源于阴山，汇入黄河的河流，它就在河套地区。

从《敕勒歌》的内容来看，这时候的河套地区又恢复成了牧场。

但是原本以游牧为主的少数民族在进入中原之后，一来因为追求经济上的高效率，二来因为文化上的自愧不如，所以他们最终都选择了学习中原的政治、文化、经济制度，包括语言和文字。

所以这实际上就是一次民族的大融合。

七

隋朝虽然执政时间不长，但也是一个十分强大且重要的朝代。

隋朝时北方游牧民族主要是突厥，分东突厥和西突厥两支，阴山一带是东突厥的势力范围。

在东突厥进犯中原时，隋文帝采取了防御性进攻的策略主动出击，经过几次战斗，不仅赶走了突厥兵，而且把国境线向北推移。

但总的来说，隋朝的河套地区，以及阴山一带，是中原农耕文明国家和北方游牧民族频繁交战的地区，隋炀帝杨广，就曾经在雁门关（阴山以南，山西北部）被突厥兵围困。

八

隋末战乱四起，北部游牧民族东突厥再度强大，据唐代人自己说是“控弦百万，戎狄之盛，近代未有也”。

东突厥首领颉利可汗的牙帐就设在今五原县之北、阴山之旁。颉利可汗一次次率兵进犯刚刚结束战乱的唐朝，一度打到长安附近的渭水桥北，唐高祖李渊甚至想要烧掉长安，逃到秦岭以南去。

据说当时还只是王子的唐太宗率六个人，隔河与颉利对话，表示将决一死战。颉利一时摸不清底细，暂时撤兵。

贞观三年（629 年），唐太宗利用东突厥内乱，命令李靖率六路大军，共十万余人攻打东突厥。

李靖先以三千精兵从马邑出发，过杀虎口（在山西右玉县境），大败东突厥军。一年战争，颉利可汗被俘，东突厥就此衰落。大漠以北的薛延陀、回纥、仆固等游牧部落在东突厥灭亡后，给唐太宗上尊号为“天可汗”，表明北方各民族承认太宗皇帝是他们的最高领袖。

并河套往北，深入漠北，开辟了一条大道，名曰“参天可汗道”，在沿途设置六十八处驿站，以便利往来使者。

九

宋朝是中国历史上最繁华的朝代，却也是国防危机最大，完全丧失了北方防线的时代。

北宋初期，北方边境已经从阴山南移，今天的河套地区已经被西夏和辽国所分割、占据。

苏东坡的诗句“西北望，射天狼”指的就是西夏；杨家将对抗的，就是北方的辽兵；岳飞对抗的，则是源于东北方向的金兵；武侠小说中郭靖抵御的，是蒙古兵。

十

其实宋朝的兵器和军力也非常强大，所以虽然丧失了阴山与长城防线，却还能够抗拒北方以骑兵为主的游牧民族很长时间，后来东北方向的女真族（金兵）兴起，北方地区不断沦陷，宋朝首都被迫南迁到杭州，这就是南宋——这时候，淮河以北，全成了游牧部落统治的地区。

当然，在入侵的过程中，无论是辽还是金，他们都同时接受了南方的文化，学汉语，写汉诗，最终成为文化相近的一家人。

宋朝时，继西夏、辽、金之后，北方游牧民族又有一股新的力量崛起，这就是后来扩张到欧洲一带的成吉思汗的蒙古部落。

蒙古部落轻而易举地从西夏手里夺取了河套地区，后来成立元朝后，又把它划到首都所在的中书省。也就是说，对中原农耕文明来说是边陲的河套地区，在蒙古族看来，却是中心地区。

十一

元朝末年，各地纷纷起义。最后朱元璋统一了中国，建立了明朝。这时候，原来的蒙古部落退回北方，武侠小说《倚天屠龙记》中曾经出现的王保保，也就是元朝将领河南王扩廓帖木儿拥兵塞上（即指河套地区），对明朝的西北边境构成了威胁。

后来，明朝大将徐达、李文忠收复了河套地区，并设置了东胜等五个卫所。

而退回塞北的蒙古族也分化为东面的鞑靼部落和西面的瓦剌部落，他们时不时越过阴山，侵犯河套地区。

永乐年间，明朝政府认为东胜卫太过遥远，后勤供给困难，就把边防线向后撤。从此，河套地区就成了各路蒙古族争夺的地区，也成了后来鞑靼部落进攻明朝的前进阵地、兵马补给处，成了困扰明朝多年的“河套之患”。

考虑到军事实力，明朝统治者并没有能力通过军事打击收复河套地区。

在和平时期，蒙古族和中原地区是通过贸易往来互通有无，达到互利共存的。但和平贸易经常被战争中断。一方面，蒙古部落往往挥戈南下，用掳掠的办法去夺取中原汉地的物资，然而这种方法不能从根本上解决牧区长期物资短缺的问题。另一方面，明朝也经常采取报复的行动，每年秋季，派兵深入草原纵火焚烧草场，称为“烧荒”，使牧区的牲畜因缺草而无法过冬；明军还经常偷袭蒙古部落的营地，赶走大量的牲畜，称为“捣巢”。

从嘉靖十三年（1534年）开始，蒙古部落的领袖俺答汗为了解决这一难题，软硬兼施，向明朝发起猛烈的求贡攻势。但明朝方面出于对北方游牧民族的恐惧，对俺答汗的求贡请求一概拒绝。俺答汗只好以武力相威胁，一面打下南方许多城池，一面派使者持书入城求贡。在军事的威胁下，明朝只得答应开放马市，明穆宗封俺答为顺义王，这就是历史上著名的“俺答封贡”。

农耕文明与游牧部落达成和解，互通有无，这不仅确保了双方边境地区的长期和平，而且增加了双方政府的收入。《明史》说：“自是边境休息。东起延、永，西抵嘉峪七镇，数千里军民乐业，不用兵革，岁省费什七。”后来清代的魏源曾评论说：“不独明塞（明朝的边境）息五十年之烽燧，且为本朝（清朝）开二百年之太平。仁人利溥，民到今受其赐。”

看来游牧民族和农耕文明，也并不是只有你死我活或老死不相往来这两种关系可以选择。

十二

清朝统治者是满族，也属于北方的游牧民族——因为地处东北，黑龙江、松花江里的鱼也曾是他们的主要食物来源，所以又称渔猎民族。

满族和蒙古族关系比较友好，所以在统一的国家下，原来属于蒙古族的地区仍然归蒙古部落管理。

从明朝边境安定开始，中原地带因为人口不断繁衍，土地已经基本开垦完毕，多余的人口为了谋求活路，便往四处发展。河北、山西、陕西等地人民，向北越过朝廷设立的关口，到河套一带耕种求活，这就是著名的“走西口”。山西北部的杀虎口，就成了最主要的走西口的关卡——想当年唐朝的李靖，就是带兵从这里出关，把唐朝的国境一直北推到贝加尔湖一带。

通过走西口，原本在政治和军事上属于游牧民族管理的河套地区，又慢慢恢复成为农耕地区。

至于为什么牧场会变成耕地，这里涉及一个经济学上的问题。这个问题的答案，也是游牧民族入主中原后，没有把中原大地变成牧场的原因。

民国时期，为了增加国库收入，政府还有意识地往河套地区移民，把河套地区变成重要的农业区。中华人民共和国成立后，这里依然维持着政权上隶属于游牧民族（内蒙古自治区），经济上实际成为农耕区的传统。

十三

为什么农耕文明和游牧文明会频繁地发生战争？

贸易往来、互通有无就能够一劳永逸地解决边境问题吗？

在冲突中，农耕文明并不是总是处于不利的一方，但那些时候，他们为何几乎丧失了防御能力？

下面的两张中国气候图，能不能带给你一点新的思考？

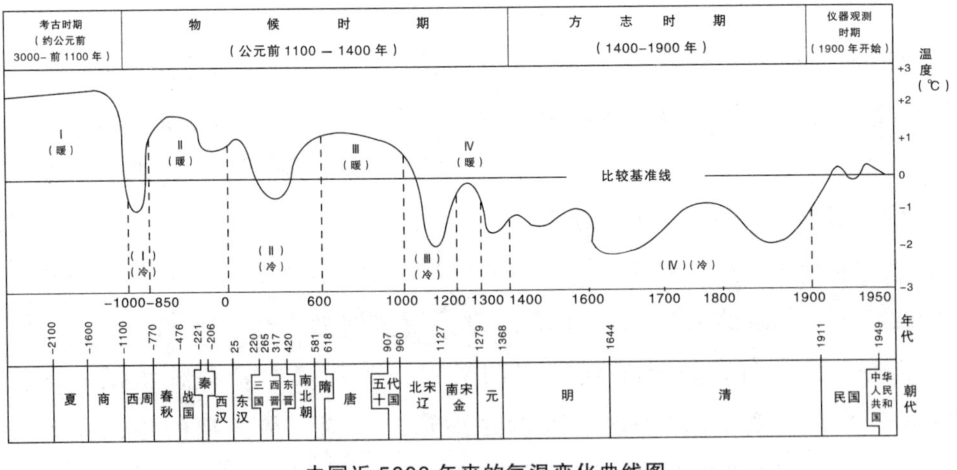

中国近5000年来的气温变化曲线图

这是近5000年的中国气候变迁图，以今天为基准线，各个朝代的温度很不一致，请注意朝代衰落时期的气候变化。

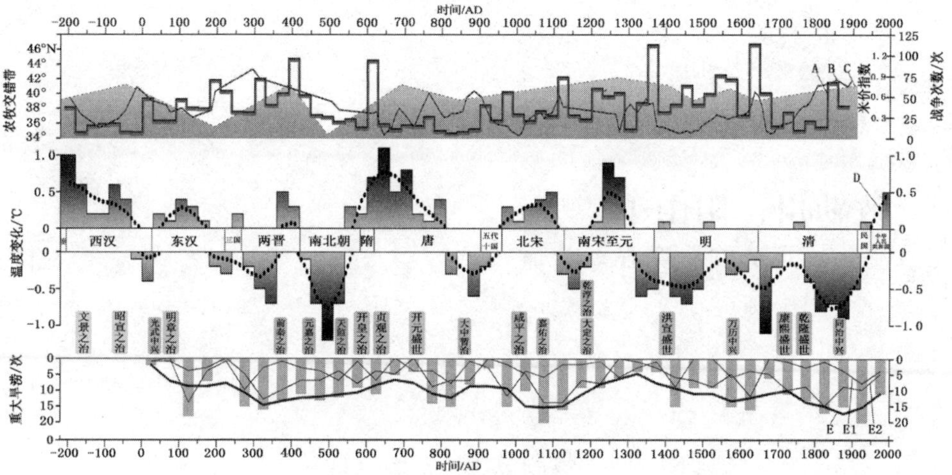

秦汉以来中国气候变化图[①]

这是自秦汉以来的气候变化图，基线比今天的气温略低，注意各个盛世时期的天气情况。

① 葛全胜、方修琦、郑景云，《中国历史时期气候变化影响及其应对的启示》，《地球科学进展》月刊，中科院地理所。

敕勒川，阴山下
——知北游前置课程·晨诵

敕勒歌

北朝民歌

敕勒川，阴山下。

天似穹庐，笼盖四野。

天苍苍，野茫茫，风吹草低见牛羊。

川，河流，但汉语中许多时候“川”主要不是指河流本身，而是指它冲积而成的平原。敕勒川、四川、一马平川……都应该这样去理解。

古人所称的敕勒川，那条河应该就是今天的大黑河，那个平原就是今天的土默川。也就是今天的呼和浩特、土默特左旗、土默特右旗一带，汉代的“前套平原”，云中郡南部。

这一带整个平原地势平坦，土地肥沃，水源丰富。在远古，曾经“草木繁茂、多禽兽”，很多游牧民族曾先后在这里生息繁衍，当然这里也是这些民族竞相争夺的地区之一。

战国时期，赵武灵王在今天的呼和浩特八拜一带建立马苑，放牧军马，学习胡服骑射，称雄当时。

鲜卑族拓跋部从这里起步，建立了北魏政权，史书上说，当时“自东山至西河二百里，北山至南山百有余里，每岁孟秋，马常大集，略为满川……”

这里的满川，并不是满河的意思，而是整个平原充满了鲜卑族或北魏的人马。而敕勒川的范围，也大概就是上面描述的：“自东山至西河二百里，北山至南山百有余里。”这里的西河，就是西面的黄河；这里的北山，就是北面的阴山；东山，可能是东面的管涔山；南山，可能是偏南的云中山——敕勒川一带汉代称云中郡，因云中山而得名。

为什么叫它敕勒川？因为那是敕勒族人曾经居住过的地方。

敕勒族是我国古代北方的一支游牧民族，春秋战国时，称“狄历”，汉代称“丁零”，魏晋南北时称“敕勒”，隋唐则称“铁勒”。

敕勒族是游牧民族，因为夏季草茂而高，冬季积雪深厚，所以他们迁徙用的车辆“车轮高大”，因此也被称为高车族。

敕勒人能歌善舞，《北史·高车传》说“其人好引声民歌”“男女无小大，皆集会。平吉之人，则歌舞作乐”。

敕勒族四处游牧，为争夺优良的牧场，常和中国北方的其他游牧民族和农耕文明发生冲突。

北魏太武帝拓跋焘派兵打败敕勒族之后，强行命令他们南迁到土默川一带——他们把新的家园，称为敕勒川。

《魏书·高车》载：“世祖不听乃遣原等并发新附高车合万骑，至于巳尼陂，高车诸部望军而降者数十万落，获马牛羊亦百余万，皆徙置漠南千里之地。乘高车，逐水草，畜牧蕃息，数年之后，渐知粒食，岁致献贡，由是国家马及牛羊遂至于贱，毡皮委积。高宗时，五部高车合聚祭天，众至数万。大会，走马杀牲，游绕歌吟忻忻，其俗称自前世以来无盛于此。”

敕勒歌，也许就是他们当时留下的民歌，但也许还有更动人的来历。

北魏征服高车族后，高车族就成了鲜卑族拓跋部的附属。斛律金，就是敕勒族人的部落首领之一，他跟随东魏军队的首领高欢征战四方——北魏后来分裂为东魏和西魏，高欢是东魏的实际掌权者。

高欢率领数十万大军讨伐西魏，打到并州的玉壁城（在今天的山西稷山县），遭遇了西魏军队的顽强抵抗。

高欢的东魏军队攻打了50天，战死以及病死的士兵达7万人，高欢自己也得了重病，但依然没能攻下玉壁城。于是士气低落，谣言四起，军队中有传言说他被人用弩箭射杀了。

为振作士气，更是思念起他们共同的家乡，高欢命大将兼好友斛律金唱起了《敕勒歌》，自己也高声应和。

《北史·齐本纪》记载："[东魏武定四年（546年）十一月]是时西魏言神武（高欢）中弩，神武闻之，乃勉坐见诸贵，使斛律金敕勒歌，神武自和之，哀感流涕。"

玉壁之战两个月后，高欢去世，享年52岁。

也不知道究竟是高欢和斛律金创作了这首《敕勒歌》，还是他们的故事使得这首民歌被永久地流传。

败军之歌，却因此不朽，这正是艺术的神奇。

敕勒歌

【唐】温庭筠

敕勒金帻壁，阴山无岁华。
帐外风飘雪，营前月照沙。
羌儿吹玉管，胡姬踏锦花。
却笑江南客，梅落不归家。

当《敕勒歌》成为最著名的边塞诗篇（之一）之后，无数诗人以它为题材，进行过创作。

和北方游牧部落的英雄不同，南方的将士或游客来到敕勒川，又有怎样的心境和情怀？这里不是他们的家乡，他们唱起自己的《敕勒歌》的时候，思念的是自己远在南方的故乡。

敕勒金帻壁——这句写的是古代的城垒，差不多就是"秦时明月汉时关"的关隘。

阴山无岁华——这句写的是北地苦寒，四季中冬季特别漫长，不像中原和江南有鲜明的一年四季。

帐外风飘雪，营前月照沙——这两句描绘的是战士营帐外的自然环境。

羌儿吹玉管，胡姬踏锦花——这两句写的是各民族将士们苦中作乐的军营生活——当然不免有文人的想象，而不是事实。踏锦花是一种少数民族的舞蹈，就是胡旋舞。

却笑江南客，梅落不归家——这里的梅落不应该是指笛子曲《落梅》，而是诗人因风雪想起江南的梅花。河套地区气候寒冷，不能种梅花，所以这里梅花代表了江南，代表了故乡。

胡马横行阴山侧

——知北游前置课程·晨诵

李白的《塞上曲》，传统解读认为它是一首12行的长诗，但我认为，它有可能是三首分开的绝句：三首诗前后相贯，相互照应，但各自押韵，单独成篇。

其实，理解为一首诗的三个部分，或三首相关联的诗，都没有关系。

塞上曲（一）

【唐】李白

大汉无中策，匈奴犯渭桥。

五原秋草绿，胡马一何骄。

说是大汉，其实说的是唐朝。唐朝的诗人，喜欢托汉朝，来说自己朝代的事——其中一个原因，是因为汉朝和唐朝首都都在长安，都是中原大国对北方部落构成强大压力的“盛世”。

但汉朝的时候，侵犯边境的北方部落是匈奴，而唐朝时候，西北方向的主要力量是突厥。

我们在《阴山下，河套地，古来游牧农耕争夺处——知北游前置课程·历史地理篇》里，曾经讲过唐朝初期唐太宗和东突厥颉利可汗临水对话的那段故事，就是李白这首诗的背景。

《旧唐书·突厥传》是这样说的：

（唐武德九年，公元626年）七月，突厥颉利可汗自率十万余骑进寇武功，京师戒严。癸未，颉利至于渭水便桥之北，太宗率大臣高士廉、房玄龄等六骑，驰至渭水，与颉利隔河而语，责其负约，后众军皆至，军威大盛，太宗独与颉利临水对话。颉利请和，引兵而退。

五原，也就是这次我们要去的包头这一带，是河套地区的中心地带。这一带水草丰茂，但天气寒冷，秋草是不可能绿的——诗歌写的不必是事实，这个“绿”字所要描绘的，是这片土地的丰饶，是东突厥部落占据河套地区之后的休养生息、蓬勃发展，进而在下一句写出他们得意扬扬、骄横跋扈、不可一世的情形。

胡马一何骄——骄横的当然不是马，而是骑着战马的突厥骑兵。骑兵的快速机动性，一般情况下，是北方游牧部落对中原守兵而言所拥有的巨大优势。当然，汉朝和唐朝的骑兵同样出色，无论是匈奴还是突厥，都没占到便宜。

塞上曲（二）

【唐】李白

命将征西极，横行阴山侧。

燕支落汉家，妇女无华色。

这首诗的背景，我们同样在《阴山下，河套地，古来游牧农耕争夺处——知北游前置课程·历史地理篇》里提到过：

贞观三年（629年），唐太宗利用东突厥内乱，命令李靖率六路大军，共十万余人攻打东突厥。

李靖先以三千精兵从马邑出发，过杀虎口，大败东突厥军。一年战争，颉利可汗被俘，东突厥就此衰落。

五原和阴山，在长安城的北面，但唐朝的士兵收复河套地区后并没有就此罢休，他们继续向西、向北挺进。

燕支，匈奴语，也译作焉支，是一座山的名字，在今天的甘肃永昌县西、山丹县东南，因盛产燕支草得名。燕支草可作染料，匈奴妇女用以化妆——是不是也就是“胭脂”呢？

《史记·匈奴列传》说：汉使骠骑将军去病将万骑出陇西，过焉支山千余里，击匈奴。

《西河故事》说：匈奴失祁连、焉支二山，乃歌曰：“亡我祁连山，使我六畜不蕃息；失我焉支山，使我妇女无颜色。”

想想，李白的这首诗，是从谁的口气来写的？燕支山归了哪一家，才是应该的？

饮马长城论是非

——知北游前置课程·晨诵

从军行七首（其二）

【唐】王昌龄

琵琶起舞换新声，
总是关山旧别情。
撩乱边愁听不尽，
高高秋月照长城。

长城，是中华民族最矛盾的一个文化和政治符号。

一度，长城被视为中央之国的国界，并用它来比喻守卫边疆的将士。

一度，长城被视为保守落后、闭关锁国的见证。

一度，长城被视为消极防守、不思进取的政治懦夫。

一度，长城被视为劳民伤财、耗损国本、徒劳无功的错误决策。

其实，长城就是农耕文明利用山川之势，对抗游牧民族的迫不得已乃至必不可少的策略——虽然它并不总是那么有效，虽然化为利刃可能比制作盾牌更为有益，虽然……

长城，和亲，征讨……在盟约几乎就是一纸空文的情况下，这些举措或消极或积极，却都是农耕文明守护自己生活方式的谋略。它们层出而不穷，几乎出现在每一个强盛的朝代，这就意味着长城在那样的处境下，有着必不可免的命运。

除了战国时魏国和秦国的长城，属于农耕文明间的国界，其他同一时候出现的赵长城、燕长城、秦长城，几乎都是对抗北方游牧部落的“巨盾”。

而最大的长城，其实是阴山、燕山、贺兰山、祁连山，长城依山而筑，才能事半而功不止于倍。

从汉朝起，“饮马长城”就成了一个特定的词语，它意味着，将士备足弓矢和粮草，要出征了！

“饮马长城窟”，由此就成了一个固定的题材。如果说“春江花月夜”是南方诗歌的固定诗题的代表，那么“饮马长城窟”就是北方诗歌的固定诗题的代表——诗人们唱过，战士们唱过，出塞的皇帝们也唱过。唐太宗李世民就以这个题目规定的题材，写过诗歌。

在南方写过《春江花月夜》的隋炀帝杨广，在北方写过《饮马长城窟行》——就像这个人的复杂历史一样，他既是一位战功显赫、雄才大略的盛世皇帝，也是一位生活穷奢、贪图享乐的亡国之君。

饮马长城窟行

【隋】杨广

肃肃秋风起，悠悠行万里。
万里何所行，横漠筑长城。
岂台小子智，先圣之所营。
树兹万世策，安此亿兆生。
讵敢惮焦思，高枕于上京。
北河见武节，千里卷戎旌。
山川互出没，原野穷超忽。
撞金止行阵，鸣鼓兴士卒。
千乘万旗动，饮马长城窟。
秋昏塞外云，雾暗关山月。
缘岩驿马上，乘空烽火发。

借问长城侯，单于入朝谒。

浊气静天山，晨光照高阙。

释兵仍振旅，要荒事万举。

饮至告言旋，功归清庙前。

在杨广的这首诗里，他正是从政治家的大角度大视野，写出了修筑长城的积极意义。他说“树兹万世策，安此亿兆生”，是把“横漠筑长城”当成了利国利民的长久之计。他赞同先他而修筑长城的战国赵、燕、秦，尤其是秦始皇和汉武帝时代对长城的修筑，说修长城这件事“岂台小子智，先圣之所营”，台，就是我，说这不是我小子聪明，而是先圣们早已经在经营的。和大多数枭雄一样，杨广也是对敌我大局看得十分清楚，可惜看不透身边百姓的悠悠民心。

“要荒（边疆远地）事万举”和“单于入朝谒”也不是杨广诗句里的望梅止渴，大业三年（607年），隋炀帝杨广北巡，先派人打通了到并州（山西太原西北）的道路，宽可以驰马。然后亲自率车驾北巡，进入河套地区。他命人搭建了巨大的帐篷，一顶可以容纳数千人。突厥首领启民可汗率领各部落酋长到帐下朝见炀帝。同一年，隋炀帝还派遣了一百余万人修筑河套地区的长城。

对没有大格局的从军士兵、修筑长城的苦役，以及既忧国又忧民的诗人，或者以为自己才有大视野的微信大V们来说，饮马长城可能就是另外一种滋味了。

饮马长城窟行

【魏晋】陈琳

饮马长城窟，水寒伤马骨。

往谓长城吏，慎莫稽留太原卒！

官作自有程，举筑谐汝声！

男儿宁当格斗死，何能怫郁筑长城。

长城何连连，连连三千里。
边城多健少，内舍多寡妇。
作书与内舍，便嫁莫留住。
善待新姑嫜，时时念我故夫子！
报书往边地，君今出语一何鄙？
身在祸难中，何为稽留他家子？
生男慎莫举，生女哺用脯。
君独不见长城下，死人骸骨相撑拄。
结发行事君，慊慊心意关。
明知边地苦，贱妾何能久自全？

反对修筑长城的，其实并不反对抗击匈奴。而像上面陈琳的诗句“男儿宁当格斗死，何能怫郁筑长城”所说的那样，则是一种过于慷慨但未必可行的英雄气。一般诗人们反对的理由，则是以秦朝为例：你修筑长城成功提防了匈奴的入侵，却不料真正的灾祸来自国内——因为修筑长城等浩大的工程，使得百姓不堪其苦，最后或暴乱或起义，推翻了看似无比强大的秦朝。

咏长城

【唐】汪遵

秦筑长城比铁牢，
蕃戎不敢过临洮。
虽然万里连云际，
争及尧阶三尺高。

咏史诗·长城

【唐】胡曾

祖舜宗尧自太平，

秦皇何事苦苍生。
不知祸起萧墙内，
虚筑防胡万里城。

孟姜女哭长城的故事也是唐朝边塞诗歌的一个常见题材，这个故事的流行，可见修筑长城给百姓带来的苦难。

但是诗歌即使给出了如何让百姓过安定生活的“法宝”，却并没有给出如何抵御匈奴等外敌的“方法”。这样的矛盾，在汉文帝和汉武帝时期体现得最为突出。汉文帝向匈奴和亲、纳贡，以及对边境的小规模侵扰忍气吞声，换来了边境的“苟安”，换来了国家和百姓的日益富足。汉武帝派卫青、霍去病等不断出塞征讨，用杀敌一千自伤八百的办法，打残了匈奴，也耗尽了国力。谁对谁错？或者我们只能以敬畏的目光看待那段辉煌的历史，并在此基础上，借今天更好的处境，来尽力破解类似的两难僵局。

岁月流逝，人来人往，汉族与匈奴基本已经混为一家，汉与西夏，汉与辽，汉与金或满，也都已经融为一家。我们回顾历史，不是要追溯谁是汉人谁是匈奴，而是要去理解浩瀚的历史深处，有着怎样的人性秘密，和宇宙新的可能性。

长城谣

席慕蓉

尽管城上城下争战了一部历史
尽管夺了焉支又还了焉支
多少个隘口有多少次的悲欢啊
你永远是个无情的建筑
蹲踞在荒莽的山巅
冷眼看人间恩怨
为什么唱你时总不能成声

写你不能成篇
而一提起你便有烈火焚起
火中有你万里的躯体
有你千年的面容
有你的云　你的树　你的风
敕勒川　阴山下
今宵月色应如水
而黄河今夜仍然要从你身旁流过
流进我不眠的梦中

席慕蓉是哪个民族的诗人？她是蒙古族的诗人，但她只会用汉语吟唱，用汉字写诗。我们的血液里，可能流着秦、楚、越、赵、燕、三苗、匈奴和鲜卑混合的因子，我们自称为汉人，只是因为我们对这语言、这历史和传说，有着深深的同情和挚爱。

蛾眉一笑塞尘清

——知北游前置课程·晨诵

一个真实的历史人物一旦和传奇、小说联系在一起，想要说清就没那么容易了。中国四大美女之一的王昭君就是如此。

其实她究竟姓什么，是哪里人，真实的历史并没有留给我们多少信息，但我们的小说家敷衍出许许多多有板有眼、有眉有目的情节，真是令人叹服。

依据最早的历史书，她姓王是确定的，封为昭君是确定的，名字是嫱还是樯，就很不一定了。

但她是汉元帝时的宫女，被汉元帝下旨嫁给归附汉朝的匈奴首领呼韩邪单于，这是确凿的史实。王昭君死后，她葬在河套地区，人们把她的墓称为青冢，这也是确定的（至于是在鄂尔多斯的昭君坟，还是呼和浩特的昭君墓，就有些糊涂了）。

呼韩邪单于是第一个归附汉朝的匈奴最高领袖，和汉文帝时被迫和亲不同，经过汉武帝时的不断打击，汉朝和匈奴的情形已经是汉朝强而匈奴弱，和亲是匈奴主动请求亲近汉朝的行为，而不再是汉朝万不得已采取的下策。

王昭君和亲，和呼韩邪归附，以及后来许多年汉匈和睦如一家的情景，都不是和亲本身带来的，而是复杂历史中的具有推动作用的又一个事件。

对和亲政策，以及王昭君和亲，历史上其实一直有不同的声音。

咏昭君

【唐】汪遵

汉家天子镇寰瀛，

塞北羌胡未罢兵。

猛将谋臣徒自贵，

蛾眉一笑塞尘清。

显然，这是对王昭君的赞美，也是对和亲政策的支持。

咏和亲

【唐】苏郁

关月夜悬青冢镜，

寒云秋薄汉宫罗。

君王莫信和亲策，

生得胡雏虏更多。

显然，苏郁的诗，是对和亲政策的激烈反对。

中国历史上和亲的女子其实不止王昭君一个。剔除文学家的因素，要讲真实的、当时的贡献，成绩最大的也不是王昭君。

可以说，王昭君是后来的历史选择之后，作为了她们的代表人物。

无论国家大义有多重要，作为和亲故事的“主体”之一的“公主”们，其实总是被迫多于自愿。汉武帝时嫁给乌孙王的刘细君留下了一首歌，最能代表她们复杂心情的一部分：

悲愁歌

吾家嫁我兮天一方，

远托异国兮乌孙王。
穹庐为室兮旃为墙，
以肉为食兮酪为浆。
居常土思兮心内伤，
愿为黄鹄兮归故乡。

而关于和亲是利是弊，只怕永远没有定论与答案。我们唯一能够确定的是，今天的中国不只是汉族人的中国，今天的中华民族也不只有汉族，匈奴人其实早已经融入了我们之中——就像呼延这个曾经的匈奴姓氏里出了诸多爱国英雄一样。而这漫长的民族融合过程里，王昭君是和杨广、卫青、霍去病一样光彩夺目的一员。

知北游起点：杭州

第一站，也就是我们旅程的起点，杭州。

杭州是一个后来才有的名字，它更古老的名字叫余杭，又叫钱塘，后来成为宋朝首都时，称临安。

余杭，最可能的意思就是杭氏部族的人迁徙到这里，大家聚集在一起住了下来，并把它称为“余杭”。譬如余姚，是姚姓人迁徙到这里族居；余干，是干姓人迁徙到这里族居。姚姓，是舜帝的后代；杭姓，是大禹后代的一个分支——舜帝和大禹，都发源于今天山西运城一带，他们本人是不可能来到过杭州或者绍兴的。

当然有没有可能“杭”就是“航”的意思，意思是这地方是需要用船只驶过河流的地方呢？也有一点可能。毕竟，历史没有留下任何可靠的记录。

钱塘，要理解这个名字，就要知道什么塘。塘，就是河塘、海塘，也就是高高的堤坝，用来防止海潮入侵的——大家都知道，钱塘江大潮是全世界有名的。为什么这个塘叫钱塘？大概就是姓钱的人修筑的吧。

杭州历史上最著名的姓氏，应该是钱。因为唐朝末年，钱镠（liú）在这里建立了吴越国，钱镠及其后代让这一带的百姓避免了当时的战乱，使得杭州及其附近，成了南方最富庶、最繁华的地区。

宋朝建立后，当时的吴越国王钱弘俶为了避免生灵涂炭，就宣布放弃王位，让赵氏的宋朝顺利统一中国。所以《百家姓》的前四个姓，是

“赵钱孙李”——皇帝姓赵，而吴越国王姓钱。西湖边上的保俶塔，就是纪念这些热爱和平的吴越国王的。

这是杭州对宋朝的第一次巨大贡献。这次贡献，它放弃了自己作为吴越国首都的地位。

后来北方的西夏、辽国、金国等游牧民族所建立的国家不断入侵，赵氏宋朝被赶出了中原，就搬迁到南方建立都城。他们选择了杭州，为了表示这只是暂时居住，最终要回到中原老家，光复整个中国，所以就把杭州改称“临安”——临时安居。

这可以算是杭州对宋朝的第二次巨大贡献。这次贡献，它成了整个宋朝的首都，或者说中国农耕文明的首都。

但可惜的是，虽然南宋也许是中国历史上经济最繁荣的一个时期，但它最终仍然被来自北方的游牧部落打败了——这就是继西夏、辽、金之后崛起的蒙古部落。蒙古族在它征服的中国大地上建立了元朝。

钱镠为什么把自己的国家称为吴越国呢?

因为当时他统治的地区，就是古代吴国和越国的所在地。春秋战国时期，吴国的都城在苏州（姑苏），越国的都城在绍兴（越），杭州主要属于越国，但当吴国打败越国时，钱塘江就成了两国的边界线。

卧薪尝胆、美女西施、十年生聚十年教训等故事，说的就是那段历史。

当然杭州的历史远远不止于此。在没有文字的更遥远的年代里，其实杭州也有过顶级的辉煌：杭州位于北纬三十度。除了中国，其他几个文明古国（古埃及、古巴比伦、古印度）都发源于北纬三十度的河边，而杭州也一样处于北纬三十度，旁边就有浙江（今钱塘江）这条大河。今天良渚文化中大量的玉器，以及附近河姆渡等遗址的发现，都意味着杭州这一带，曾经是人类文明的曙光最初照耀的几个地点之一。

京口瓜洲一水间

——古人如何知北游

此刻，车在黑暗中停泊于镇江。

每一片土地都会讲述故事，唠唠叨叨，无休无止。

我们经过的上海、苏州都是盛产故事的地方，即将抵达的南京故事更多——而此刻停泊的镇江，你可曾听说过它？

也许你在《白蛇传》的故事里，听说过一个可恶的人——镇江金山寺的法海，是他拆散了白蛇娘娘和许仙的姻缘。法海是确有其人的，不过是一个得道高僧，从来没有做过拆散人家姻缘的事。

其实，我们的小学课文里，你就遇到过与镇江有关的故事。我们来读一首小诗，讲宋朝时候有个人要离开南京，到北方首都汴梁去做官——官北游。

他会走哪条路线？他走过的道路，今天是不是还依然有人在走？

泊船瓜洲

【宋】王安石

京口瓜洲一水间，

钟山只隔数重山。

春风又绿江南岸，

明月何时照我还。

我们是用现代的铁龙，轰隆隆地从大地上碾过，而遥远的古代，北方的旅客们是一辆马车或者牛车，南方及中原的旅客们则是一叶扁舟，在宁静的大地上慢悠悠地漂泊。

在《泊船瓜洲》里，王安石是从南京（钟山）出发，沿长江东下，到京口（镇江），转而北上，进入一条叫“大运河”的人工河流，再过淮水和黄河，直到自己的目的地：汴州（今天的开封）。

当他泊船江北的瓜洲，站在船上，回首长江南岸绿意盎然的故乡，不舍之情油然而生。

春风又绿江南岸——家乡所有的美好，用一个“绿”字，深情又含蓄地表达。

明月何时照我还——人生的不确定性，前途的希望与风险，在一个“还”字里，委婉地倾诉。

但我们不能用今天的大运河，去推测王安石的行程。也许宋朝时的大运河，更接近隋唐时候的大运河，也就是隋炀帝杨广下令开凿（接通）的那条运河。

最古老的运河，是扬州地区的邗沟，这也是古代一个小国邗国的所在地，后来被吴国并吞。邗国人以国为姓，这就是干姓的来历。

通过“通济渠”，南方的粮食就得以源源不断地运到黄河，再通过洛水，到东京洛阳，通过渭水，到首都长安（西安）。

通过“永济渠”，军队和粮草就能够运到东北方向，直抵当时的涿郡，今天的北京附近。那背后，有守着燕山和长城的士兵。

明朝建都在南京，但是朱元璋和大臣们深知，国家的敌人远在北方，在没有电话的过去，遥远的距离意味着指挥失灵，所以明成祖朱棣在永乐十九年（1421 年）正式迁都北京——其目的，就是为了防御来自北方的游牧部落的入侵。

但当时南方的经济已经比中原和北方更为发达，农耕文明的军队要胜过北方游牧部落，靠的就是科技实力和后勤保障。所以一条从南方直通北方的水道就是必不可少的。

北京和南京，这一对名字其实来自明朝，只有在明朝的时候，它们才一个是北方的首都，一个是南方的首都。

运河开凿后，运的不只是粮草和商品，不只是士兵和旅人，也有诗人和音乐。

无论是知北游，还是像大鹏一样向南方做逍遥游，古人们乘坐的，既不是隆隆的火车，也不是天上的飞机，甚至也不是“停车坐爱枫林晚”的马车，而是舟船。

一条大运河，贯通了南方的长江、北方的黄河和中间的淮河。

而长江与黄河则贯通了中国大地的东部和西部。李白年轻的时候，就是乘舟从故乡四川出发，沿长江而下，直到南京。

南京不是长江的终点，也不是运河的终点。

甚至许多人认为的大运河南方的终点是杭州，这也是一个并不正确的答案。

因为越过钱塘江，大运河继续绵延，过绍兴，过上虞，过余姚，过宁波，到镇海——在那里，东方的丝绸和瓷器向着整个世界散布。

而早在唐朝，李白们就通过钱塘江的中游富春江，上游新安江、兰溪，通过杭甬运河，寻找着南方迷人的风景，最终用他们的诗歌，留下了一条“唐诗之路”。

一路向北！

当我们沉沉睡去，钢铁的机器一直在奔驰。整个夜晚，它一路向北。我醒来时，它刚过黄河，济南边的黄河。

古代远征的士兵要奔波许多天的旅程，而现在一夜之间就飞驰而过。

这是一条岳飞曾经梦想过的进军路线，这也是闻鸡起舞的祖逖、东山再起的谢安们梦想过的进军路线。但在真正的中国历史上，几乎没有实现过。

真正的中国历史，我们必须把行程的箭头倒过来，不是向北，而是向南——这是游牧部落入侵中原的路线，也是农耕文明的国家政权南撤的路线。

汉朝末年，魏蜀吴三国鼎立，最后魏国统一了中国，但马上改朝换代，成了晋朝（读过《三国演义》吗？故事和人格是假的，人名和历史是真的）。当中原陷入三国纷争、八王之乱（晋朝司马家族的八个诸侯王争夺帝位）的时候，北方的游牧部落却在强大起来。

晋朝的首都本在洛阳，但当北方的游牧部落攻入中原的时候，他们唯一的办法是逃到南方重整旗鼓。后来人们将都城在洛阳的那个时期称为西晋，把都城在南京的那个时期称为东晋。

这是南京（当时叫建康）第一次成为全国的文明中心。在此之前，三国鼎立时期，它曾是东吴政权的首都。

因为《三国演义》，更因为《世说新语》，这一段历史对人们来说并不陌生。最近几年优秀的电视连续剧《琅琊榜》，就是以魏晋南北朝时期的南梁为背景而虚构的故事。电视中的琅琊山，则就在南京城的对岸。而电视连续剧《楚乔传》说的是同一时期北方的故事。南方有王朝更替，北方也有王朝更替，两边对峙了比较长的时间，形成了自己的文化风格，所以叫“南北朝”。

后来南北朝对峙中北朝的杨坚和李渊，分别建立了统一全国的隋朝和唐朝，虽然隋朝和唐朝寿命一短一长，但它们都是中国历史上最强大的朝代之一。有趣的是，这两家本是亲戚关系，隋炀帝杨广与唐高祖李渊的外祖父都是独孤信——从他的姓氏，就知道他祖上是北方游牧民族。

如果说强大的汉朝是抵御了游牧民族的入侵，那么强大的隋朝和唐朝，其实是融合了各民族，使他们都成了中国必不可缺的一部分。中国二字，从此不再指中间之国、中央之国，而是指一个兼容并包的大中国。

可惜后面的历史故事又往事重演：宋朝再度成为封闭的南方农耕文明国家，苦苦抵御着北方游牧民族的入侵。最后首都汴京被攻破，他们逃到了杭州——后来人们把首都在汴梁的时期称为北宋，首都在杭州的时期称为南宋（岳飞的故事，就发生在南宋；还有陆游和辛弃疾）。

驱逐了蒙古统治者的明朝，是一个在军事上很有进取心的朝代。

明朝的皇帝们把都城从南京搬迁到北京，就是为了积极抵御北方游牧部落的入侵，而不是躲在遥远的南方求得暂时的安宁。

可惜的是雄心比不过地利，地利斗不过天时。明朝末年，气候剧变，国内因饥荒动乱不断，北方的游牧部落、渔猎部落（满族）更是因为气候原因被迫拼命南征。

故事的结果我们都已经知道：我们都是这些故事的后人，故事就写在我们的灵魂里。

故事的结果是：游牧渔猎民族战胜农垦国家，但最后又臣服于农耕文明——于是，他们成了中华文化的一部分。这次游学的晨诵中，就有满族诗人纳兰性德的一首诗，这是最美丽的汉字诗歌。

我们今天一路向北，也并不是为了去抵御谁的入侵，更不是为了去征服北方或者南方。我们既是南方农耕文明的后人，也是北方游牧部落的后人，我们是这首大地悲歌的传唱者，也是这部大地喜剧的演出者。

我们一路向北，是穿越时空，做身体和精神双重的逍遥游！

车过蚌埠。从名字可以知道这是一个盛产淡水珍珠的地方，这是淮河流域的一个城镇。埠，也就是码头的意思，也就是说，在这里，河流就是道路。

车过徐州。徐，从字源上来说，就是余下的道路。徐州以北，是高过平原的山东半岛，道路就是道路，北方的道路。徐州以南，就是河流密布的南方——淮水在古代不像是一条河流，更像是一片巨大的沼泽地，上面浮着一些陆地和岛屿。徐州，是最后的北方：徐州以南，是水乡，是水稻；徐州以北，是中原和丘陵，是麦子，也是圣贤和强盗的故乡。

山东，是孔子、孟子的故乡，也是水泊梁山的所在地。

车过兖（yǎn）州。兖就是沇，当一个水旁移到上面时，就成了兖——就像益字上面，也是一个横写的水。兖州今天是一个不为人知的小地方，但它却是古代所谓的九州之一。《尚书·禹贡》里传说大禹治水成功后，划天下为九州，兖州为其一。当然这是后世的附会，就像是神话。但重要的不是事实，重要的是，无论我们信不信，当我们都承认这个神话，我们也就拥有了共同的思想祖先。

车过德州。德州今天最有名的是德州扒鸡，而且因为人们把美国的得克萨斯州中文简称为得州，加上许多人错写“得州”为“德州”，所以说起德州，人们可能还会误以为是美国的得克萨斯州。

当车子抵达沧州的时候，意味着我们从东海之滨出发，现在已经来到了渤海之滨。

渤海，就是诗歌中的沧海，沧海桑田的沧海，曹操“东临碣石，以观沧海”的沧海。也是今天黄河入海的渤海。

从语音学上讲，渤可能在一些方言中和北的读音一致或相近，渤海，就是北海，用诗意或神话的语言说，就是北冥（北溟）。

出塞！出塞！

车到张家口，我们先来看一段熟悉的文字：

江南六怪与郭靖晓行夜宿，向东南进发，在路非止一日，过了大漠草原。这天离张家口已不在远。郭靖初履中土，所有景物均是生平从所未见，心情甚是舒畅……

张家口是南北通道，塞外皮毛集散之地，人烟稠密，市肆繁盛。郭靖手牵红马，东张西望，他从未到过这般大城市，但见事事透着新鲜，来到一家大酒店之前，腹中饥饿，便把马系在门前马桩之上，进店入座，要了一盘牛肉，两斤面饼，大口吃了起来。他胃口奇佳，依着蒙古人的习俗，抓起牛肉面饼一把把往口中塞去。正自吃得痛快，忽听店门口吵嚷起来。他挂念红马，忙抢步出去，只见那红马好端端地在吃草料。两名店伙却在大声呵斥一个衣衫褴褛、身材瘦削的少年。那少年约莫十五六岁年纪，头上歪戴着一顶黑黝黝的破皮帽，脸上手上全是黑煤，早已瞧不出本来面目，手里拿着一个馒头，嘻嘻而笑，露出两排晶晶发亮的雪白细牙，却与他全身极不相称。眼珠漆黑，甚是灵动。

一个店伙叫道："干么呀？还不给我走？"那少年道："好，走就走。"刚转过身去，另一个店伙叫道："把馒头放下。"那少年依言将馒头放下，但白白的馒头上已留下几个污黑的手印，再也发卖不得。一个伙计大怒，出拳打去，那少年矮身躲过。郭靖见他可怜，知他饿得急了，忙抢上去拦住，道：“别动粗，算在我账上。”捡起馒头，递给少年。那少年接过馒头，道：“这馒头做得不好。可怜东西，给你吃罢！”丢给门口一只癞皮小狗。小狗扑上去大嚼起来。

这就是在蒙古出生的郭靖长大成人后，随师父江南七怪回嘉兴时，进入汉族领地的第一站：张家口。

郭靖和江南七怪的起点和终点，和我们颇有几分相似，只是方向正好相反——他的终点，正好是我们的起点。他的终点是嘉兴南湖。

几个小时前，我们进入了山区：石景山，大房山……山越来越高峻，路越来越崎岖。大房山的险峻令人印象深刻，但接下来的鸡鸣山更让人惊叹。

鸡鸣山一带，属于阴山的余脉——这意味着我们已经来到了边塞，来到了阴山下。

在这样的地方建立边塞，那真是“一夫当关，万夫莫开”！

所以早从战国时代起，长城就建立在这些山与山之间的隘口。

张家口就是一个重要的边塞：张家口以南，是“中国”，是农业文明；张家口以北，是夷狄，是犬戎，是塞外。

再往前，就是塞外！

就是草原，就是歌声悠远，夏日清凉的内蒙古高原。

下一站乌兰察布，我们进入内蒙古的第一站。据说崔健们这几天就在乌兰察布的四子王旗开演唱会——歌手们的避暑聚会！

这时候我们再看到湖泊，可能就不能再叫湖，而得叫海了，准确地说是海子——海之子。甚至那里可能还生活着海鸥——遗鸥。

内蒙古高原雨量稀少，蒸发量大，许多河流不是流入大海，而是汇聚成这样的海子。河流也是季节性的，平时只有宽阔的河床，下雨时（尤其是夏天暴雨时），才变成河流的样子。

我曾多次在这样的海子边逗留，就仿佛站在大海的盆景前。

不过，当十月之末，河水将结冰的时候，这些四周长着芦苇的海子，就成了南飞大雁和天鹅的落脚地。

草原上的骏马，芦苇荡里的鸿雁，沙漠上的骆驼，它们都意味着远方。

我们要去的，不是什么风景如画的景区，只是远方，意味着自由的远方。

成吉思汗简单明快的胡马生涯

作为一个普通汉人，成吉思汗故事的诸多传奇细节“与我无关”；他本人，也只是在生命的最后时刻，成了又一个渡过阴山的“胡马”。

严格讲，虽然后来是他的子孙灭掉了宋朝，但终其一生，成吉思汗心目中的主要敌人是金国——和宋朝一样！

成吉思汗领导时，蒙古族曾经和宋朝联合打击并消灭了金国；有生之年，他并未入侵过宋朝——不是不想打，而是打不到。

成吉思汗不是我们汉族人的直系祖先，也不是我们的敌人，他是世界历史大舞台上一个无法抹去的枭雄，一个骑在马背上征服了诸多文明的征服者。

成吉思汗不是姓名，而是一个封号（就像汉武帝、唐太宗则是死后的封号），意思是“拥有海洋四方”的伟大首领。

这个称号让我们想起在此数百年之前，北方游牧民族赠予唐太宗李世民的另一尊号：天可汗！

成吉思汗原名孛儿只斤 · 铁木真（1162—1227），孛儿只斤是姓氏，铁木真是名字，意思是“好铁”。

铁木真出生于斡难河畔，成长于斡难河畔。铁木真出生时，中国大地上同时存在着几个著名的政权：南宋、西夏、金国，还有一直盘踞青藏高原的吐蕃，退到西北的西辽，偏安南方的大理等。铁木真出生地当时属于金国，但金国的统治者是女真族，蒙古族是被统治的民族。

也就是说，他是金朝的子民，不是宋朝的子民。

当时的蒙古族，是分裂的部落，也是野蛮的部落。抢劫，抢婚，屠族，背叛……成吉思汗就是这样的熔炉里锻造出来的一个豪杰。

他的母亲是他父亲抢婚抢来的，他的妻子曾经被别的部落抢去，这样的抢劫必然带来血腥的报复和杀戮，这样的杀戮必然淘汰尽任何的优柔寡断和文明文雅，只剩下适应它的人：残暴、坚忍、机敏、果敢、蔑视一切既定规则……

铁木真的崛起，要诀就是他把散落各地的蒙古族部落不断融入军队中，成为战斗力，形成越来越庞大的“军团”。

这样的军团的存在秘诀，就是把生活、生产、行军、抢劫、打仗、征兵融为一体。

今天的呼伦贝尔大草原一带，就是铁木真的第一桶金。肥沃的草场，养肥了骏马、牛羊，也养壮了战士。

当铁木真打败所有蒙古其他部落首领，他就完成了统一蒙古部落的大业，一个马背上的国家诞生了，一支和千年之前亚历山大大帝东征时的军团相似的蒙古族大军形成了。

和秦王朝一样，这是为战争诞生的战斗民族，停止了对外的战争（本质是抢劫），它就会丧失动力。

但铁木真没有用它去征服南宋——这是一个在天南、一个在地北，根本不接壤、不沾边的两股力量。

铁木真也没有去征服金国，因为金国太强大，这不是当时的蒙古族人可以拿下的。甚至盘踞在河套、河西的西夏国，因为地理优势，也是蒙古族人难以攻克的。

柿子要挑软的捏，铁木真聪明地选择了西征——那里最能够施展蒙古骑兵军团的优势。

这个军团的特点，就是后勤、粮草主动跟着军队走：他们的粮食，就是活着能跟随军队迁徙的牛羊；他们的后勤，就是除壮年男丁外的所有的老弱病残和妇女，他们照料牛羊，拾粪为薪……而打仗打到哪里，就抢劫到哪里，补充后勤就补给到哪里。

这样的军队是可怕的，铁木真的骑兵就是当年的闪电部队，而更可怕的是它不需要油料弹药，远征一年两年，都不会弹尽粮绝。

铁木真的一生，主要是西征的一生，就像亚历山大大帝的一生，是东征的一生。

据说是在1206年春天，蒙古贵族们在斡难河源头召开大会，尊铁木真为“成吉思汗”——如果真是这样的话，那么“成吉思汗”这个尊称中的“海”，就是贝加尔湖、里海、死海、黑海这样的“海子”，而不是真正的海洋。

这时候的版图里，没有包括黄河流域，没有包括河套地区，也没有越过大兴安岭到东北，没有越过燕山山脉到华北和中原……

最后，日益强大的蒙古部落才回过头来，联合南宋，消灭了金国。

成吉思汗最后一次征服，是1225年对西夏（占据着河套和河西）的用兵。

据说，也是在这次远征中，疲惫的铁木真说希望自己死后，能够安葬在途经的一处水草丰茂的地方——如果传说可信，这应该是在河套地区。成吉思汗果然死在这次战争的途中，死后，后人秘葬了他，不久就无人知晓墓地所在，蒙古族人在今天的鄂尔多斯，为他建立了祭祀、纪念的陵墓。

成吉思汗死后不久，各蒙古王国其实已经在慢慢走向各自独立运作。其中托雷之子忽必烈灭了南宋，成立了元朝——元朝在属于汉族的土地上并没有统治多久，金庸的《神雕侠侣》和《倚天屠龙记》里有着比较准确的线索：张三丰年轻时，元朝还没有成立；张三丰晚年，朱元璋的势力已经开始崛起。

关于铁木真的一生，其实金庸的《射雕英雄传》和《神雕侠侣》里有着比较准确的线索。武侠小说虚构了郭靖和江南七怪，但铁木真、丘处机、托雷、哲别、札木合、王罕等人是真实的，蒙古人四处征服的历史（包括路线和时间）是真实的。如果剔除虚构的汉族人物，剔除对铁木真的美化，小说中剩下的关于铁木真的一生，基本可以当历史来学，差不多就像读《史记》。

游学途中，有人问：为什么蒙古部落最后衰落了？

我想，正确的问法是：为什么所有的游牧民族最后都衰落了？

答案是经济学式的：游牧本身是低产的，土地的使用效率不足农耕的十分之一，游牧民族的兴起其实是强盗式的兴起，它的繁荣主要来自掠夺。但当游牧民族战胜（掠夺尽）农耕民族后，想要持续繁荣，要么采用农耕文明的方式，要么继续去寻找下一个掠夺对象。而前者，它就消失在农耕文明中。

没有哪片土地，可以没有植物、可以没有食草动物，而只有食肉动物在欣欣向荣！

图书在版编目（CIP）数据

我想我还热爱着教育：干国祥教育随笔 / 干国祥著 . --
桂林：漓江出版社，2023. 1
ISBN 978-7-5407-9337-1

Ⅰ. ①我… Ⅱ. ①干… Ⅲ. ①教育－随笔－中国－文
集 Ⅳ. ① G52-53

中国版本图书馆 CIP 数据核字（2022）第 225308 号

我想我还热爱着教育——干国祥教育随笔
干国祥　著

出 版 人　刘迪才
策划统筹　文龙玉
责任编辑　章勤璐
书籍设计　石绍康
营销编辑　俞方远
责任监印　黄菲菲

出版发行　漓江出版社有限公司
社址　广西桂林市南环路 22 号
邮编　541002
发行电话　010-65699511　0773-2583322
传真　010-85891290　0773-2582200
邮购热线　0773-2582200
网址　www.lijiangbooks.com
微信公众号　lijiangpress

印制　大厂回族自治县聚鑫印刷有限责任公司
开本　710 mm × 960 mm　1/16
印张　16.5
字数　237 千字
版次　2023 年 1 月第 1 版
印次　2023 年 1 月第 1 次印刷
书号　ISBN 978-7-5407-9337-1
定价　49.80 元